作为保障能源安全和应对气候变化的重要途径，和平利用核能事业，如同普罗米修斯带到人间的火种，为人类发展点燃了希望之火，拓展了美好前景。同时，如果不能有效保障核能安全，不能妥善应对核材料和核设施的潜在安全风险，就会给这一美好前景蒙上阴影，甚至带来灾难。要使核能事业发展的希望之火永不熄灭，就必须牢牢坚持安全第一原则。

我们要秉持为发展求安全、以安全促发展的理念，让发展和安全两个目标有机融合，使各国政府和核能企业认识到，任何以牺牲安全为代价的核能发展都难以持续，都不是真正的发展。只有采取切实举措，才能真正管控风险；只有实现安全保障，核能才能持续发展。

—— 2014 年 3 月 24 日，习近平主席在荷兰海牙举行的第三届核安全峰会上发表讲话

U0993705

60 年来，几代核工业人艰苦创业、开拓创新，推动我国核工业从无到有、从小到大，取得了世人瞩目的成就，为国家安全和经济建设作出了突出贡献。核工业是高科技战略产业，是国家安全重要基石。要坚持安全发展、创新发展，坚持和平利用核能，全面提升核工业的核心竞争力，续写我国核工业新的辉煌篇章。

——2015 年 1 月 15 日，习近平总书记就我国核工业创建 60 周年作出重要指示

强化核安全文化，营造共建共享氛围。加强国际核安全体系，人的因素最为重要。法治意识、忧患意识、自律意识、协作意识是核安全文化的核心，要贯穿到每位从业人员的思想和行动中，使他们知其责、尽其职。

学术界和公众树立核安全意识同样重要。我们要鼓励各国智库密切关注国际反核恐怖主义形势，积极开展核安全学术研究，并就加强国际核安全体系、促进各国核安全工作提出更多有价值的建议。我们还要做好核安全知识普及，增进公众对核安全的理解和重视。

——2016 年 4 月 1 日，习近平主席在华盛顿核安全峰会上发表题为《加强国际核安全体系 推进全球核安全治理》的讲话

中国核电核安全文化建设
系列成果文件

中国核电
核安全文化建设历程

Nuclear Safety Culture Journey of CNNP

中国核能电力股份有限公司　编著

中国经济出版社
CHINA ECONOMIC PUBLISHING HOUSE
北京

图书在版编目（CIP）数据

中国核电核安全文化建设历程／中国核能电力股份有限公司编著．--北京：中国经济出版社，2022.12（2025.7 重印）

ISBN 978－7－5136－7143－9

Ⅰ.①中… Ⅱ.①中… Ⅲ.①核电工业－工业企业－安全文化－中国 Ⅳ.①F426.23

中国版本图书馆 CIP 数据核字（2022）第 199930 号

项目负责人　李煜萍
责任编辑　李若雯
责任印制　李　伟
封面设计　任燕飞

出版发行　中国经济出版社
印 刷 者　天津嘉恒印务有限公司
经 销 者　各地新华书店
开　　本　710mm×1000mm　1/16
印　　张　9.5
字　　数　108 千字
版　　次　2022 年 12 月第 1 版
印　　次　2025 年 7 月第 3 次
定　　价　68.00 元
广告经营许可证　京西工商广字第 8179 号

中国经济出版社 **网址** http://epc.sinopec.com/epc/ **社址** 北京市东城区安定门外大街 58 号 **邮编** 1(
本版图书如存在印装质量问题，请与本社销售中心联系调换（联系电话：010－57512564）

版权所有　盗版必究（举报电话：010－57512600）
国家版权局反盗版举报中心（举报电话：12390）　　服务热线：010－57512564

《中国核电核安全文化建设历程》编委会

主　　编	卢铁忠
副 主 编	马明泽
编　　委	张国华　顾　健　魏智刚　高顺龙 陈志刚　王国华　许　佳
编 写 组	吴锦坤　罗路红　宁　宇　周光林 郭　俊　张红耀　成爱华　甄晓辉 易　飞　王学斌　高　波　程开喜 张　睿　徐小照　李红波　汪　洋 周青云　夏立民　范仕海　高　星 严　伟　鲍舒非　李　聪　陈　超 王云鹏　冯立明

序一 PREFACE

统筹安全与发展是核工业面临的永恒主题。中国核电安全发展超过 30 年，已积累了丰富的经验，摸索出一条具有中国特色的、行之有效的核安全文化建设之路。中国的核电发展有着较为深厚的核安全文化底蕴，《中国核电核安全文化建设历程》一书是对核安全文化良好实践的系统性总结和提炼，值得从业者学习借鉴。

历史照进现实，远望未来；经验历久弥新，启迪思想。在“碳达峰、碳中和”战略背景下，发展核电事业对优化能源结构、促进国民经济发展等发挥着更加重要且不可替代的作用。希望全体从业人员积极践行“理性、协调、并进”的核安全观，常怀敬畏之心、慎终如始，树立知责、履责、担责的责任意识，将核安全文化内化于心、外化于行，做到“充分准备、一丝不苟、万无一失、一次成功”，为核能与核技术造福人类做出更大贡献。

国家原子能机构秘书长

邓 戈

二〇二二年十二月

序 二

安全文化的重要性毋须多言。虽然“安全文化”的概念直至1986年才由国际原子能机构在关于苏联切尔诺贝利核电厂事故的总结报告中提出，并在1991年INSAG-4《安全文化》报告中系统阐述，但对核安全的探索和实践从核能诞生之初就已开始，且从未停止，积累了大量正反两方面的经验。从这个意义上讲，安全文化是多年核安全良好实践的总结和集大成。

自20世纪80年代末、90年代初“安全文化”的概念进入我国以来，核行业各相关单位均花了大力气推广、传播安全文化的理念，也大力开展安全文化的建设工作。可以说，安全文化的传播和建设对今天中国核电所取得的安全运行良好业绩起到了应有的作用。

本书系统总结了中国核能电力股份有限公司及所属各核电厂多年安全文化建设的探索、实践和成果，可以看到，中国核能电力股份有限公司及所属各核电厂在安全文化建设方面取得了良好的成绩。总结经验是为了面向未来，这本书的编写有利于核行业安全文化建设经验的交流，更重要的是可以作为新的起点，推动安全文化建设进一步提升，实践追求卓越、永无止境的安全文化内涵。

个人以为，我国核行业的安全文化建设取得了很大的成绩，但在一些方面还有进一步改进的空间，例如：

一、不能把安全文化变成“形而上”的东西，等同为“安全意识”或“安全素养”，而忽视了有利于安全的组织架构和管理体系。我们经常说制度更具有决定性，但实际上制度和意识是无法分开的，或者说一个制度的形成是由建立这个制度的人的意识所决定的。制度更真实地反映了人的内在意识，而口头表达出的意识则经常被粉饰或涂抹。

二、安全文化涉及所有从事核行业的人员，不论是管理方还是被管理方、监督方还是被监督方，安全文化的建设首先要从自身做起，而不能只是给别人提要求、下任务。事实上，管理层和监督方的以身作则、率先垂范经常能更好地传达安全文化的理念，而管理层和监督方在花大力气传播安全文化理念的同时，也要下大力气把安全文化理念在制度建设中落实。

三、不能把安全文化的概念泛化。除了安全文化外，还有组织文化、管理文化、质量文化等许多概念。这些概念之所以存在，就是因为在其领域有意义并起作用。一个单位和企业的管理涉及方方面面，不可能用一个概念包打天下，而安全文化在不同的企业中、企业的不同人员中也一定会有不同的体现。概念的泛化，其结果一定是口号化，从而最终变成一个空洞的、无法落地的东西。

愿核行业共同努力，把我国的安全文化建设推向更高阶段。

生态环境部核电安全监管司司长

汤　搏

二〇二二年十二月

序 三

国际原子能机构（IAEA）的国际核安全咨询组（INSAG) 在1986 年首次提出了“安全文化”概念，并于 1991 年发表名为《安全文化》的报告（INSAG-4)。在 INSAG-4 中，安全文化的概念首次被定义，并且这一定义被世界许多国家的许多行业所接受，得到广泛认同。核行业由此开始了核安全文化理论探索并进行了卓有成效的建设实践。

安全是核工业的生命线。在我国核工业六十多年的发展史上，安全文化得到了一代代核工业人的坚持、传承和弘扬。正是中核人始终将安全作为企业核心价值观，持之以恒地加强安全文化和管理，使中国核工业集团有限公司（以下简称“中核集团”）的核安全始终保持了良好纪录，创造了“两弹一艇”的惊世伟业，铸就了中国大陆核电“零的突破”的“国之光荣”，取得了以自主三代核电技术“华龙一号”为代表的“国家名片”等新中国多个第一的辉煌成就，并凝练形成了“事业高于一切、责任重于一切、严细融入一切、进取成就一切”的核工业精神和“强核报国、创新奉献”的新时代的核工业精神。

中国核能电力股份有限公司（以下简称“中国核电”）作为中核集团旗下以核电为主业的清洁能源事业投资和运营公司，始终高度关注核安全，将其作为企业立命之本、事业长青之基，对核安全文化建设倾注了持久的注意力和充足的资源保障。

PREFACE >>>

党的十八大以来，尤其是习近平总书记明确提出“理性、协调、并进”的核安全观和“法治意识、忧患意识、自律意识、协作意识是核安全文化的核心，要贯穿到每位从业人员的思想和行动中，使他们知其责、尽其职”的重要指示精神以来，中国核电通过大力弘扬中国核工业的优良传统，对标学习国际同行先进管理实践，结合企业实际践行“安全发展、创新发展”，不断守正创新、与时俱进，逐渐构建了以“卓越核安全文化十大原则”为指引的具有中国核电特色的核安全文化管理体系。

核安全文化建设工作永远在路上，永远充满新的可能。中国核电对多年来的核安全文化建设与实践经验进行全面梳理和总结，编制《中国核电核安全文化建设历程》，旨在更好地总结过往，更好地坚持“安全第一、追求卓越”，携手从业者开启新的核安全文化建设征程，共同推动构建全人类核安全命运共同体。

是为序。

党委书记、董事长　　　　总经理、党委副书记

中国核能电力股份有限公司

二〇二二年十二月

引 言

中国核能电力股份有限公司将核安全视为事业的生命线、企业的生存线、员工的幸福线，始终注重核安全文化的培育及建设，积极吸收、借鉴国际同行核安全文化建设理论和实践经验，持续完善核安全文化推进体系，确保核安全水平始终处于高水平状态，筑牢公司安全发展、创新发展的基础。

中国核电按照GOSP（Governance，Oversight，Support，Performance，即管控、监督、支持、执行）管理方式，依托群厂管理思路，开展了多项核安全文化一体化推进工作。如：统筹开展核安全文化评价；推进群厂经验反馈体系建设和运转；防人因失误工具的开发、推广和应用；开展观察指导和人员行为监测以及统一开展标准化的基本安全授权培训等。各成员公司结合自身实际也开展了各具特色的核安全文化实践活动，如高度责任心之梯、每日一条安全信息、业主与协作单位一体化核安全文化推进体系，积极落实中核集团安全文化“863”基本动作要领等。为了传承和推广这些实践经验，中国核电组织编制了《中国核电核安全文化建设历程》。

FOREWORD >>>

《中国核电核安全文化建设历程》回顾了核安全文化的起源与发展，梳理了中国核电旗下各核电基地早期探索与实践，总结了中国核电核安全文化建设经验，分享了各基地在中国核电一体化推进核安全文化过程中各具特色的良好实践，并展望了核安全文化建设新目标。

中国核电核安全文化建设里程碑

1989 年

秦山核电厂首次接受 IAEA 运行前安全评审，
广泛接触到核安全文化管理理念。

2000 年

秦山核电厂提出了第一个五年规划，将核安全文化正式作为安全管理的重要组成部分。

2004 年

田湾核电厂接受 IAEA 运行前安全评审，
后续启动核安全文化建设工作。

2005 年

秦山第三核电厂管理层撰写了核安全文化专著《核电企业的灵魂》。

2009 年

中国核电组织开发了《防人因失误工具》手册，发布了 11 个标准化防人因失误工具。

2010 年

中国核电邀请了 IAEA、INPO、JANTI 以及中国台湾电力公司核安全文化专家交流安全文化；中国核电成立了核安全文化推进工作组；中国核电发布了《卓越核安全文化的八大原则》；中国核电发布了《核安全文化评估体系》。

2011 年

中国核电派三名专家赴美国学习核安全文化评估方法，正式将核安全文化评估方法引入国内；中国核电组织对秦山核电厂开展了国内首次核安全文化评估活动。

2012 年

中国核电首次发布《中国核电企业文化手册》，提炼形成了以“追求卓越、挑战自我”为核心的企业文化理念体系，并提出“安全是事业的生命线、是企业的生存线、是员工的幸福线”的安全理念；中国核电发布了标准化的核安全文化培训教材《核电厂安全文化》。

2015 年

中国核电经验反馈信息平台正式上线；中国核电升版形成以“追求卓越、超越自我”为核心理念的卓越文化体系；中国核电发布了具有中国核电特色的核安全文化标准，即《中国核电卓越核安全文化的十大原则》；中国核电发布了《核电厂观察指导手册》。

2016 年

中国核电发布了国内核行业首部公众沟通白皮书《中国核电公众沟通白皮书》；秦山核电提炼出“做一名有高度责任心的核电工作者”的核安全文化价值理念。

2019 年

中国核电发布了新时代中国核电卓越文化体系，明确公司的核心价值观是“责任、安全、创新、协同”，并编制《中国核电核安全文化建设历程》（内部发行版）。

2021 年

中国核电升版《中国核电卓越文化体系》；中核集团发布首份集团公司层面的核安全提升三年行动方案，并提出以“863”基本动作为要领的核安全文化建设和管理期望。

2022 年

中国核电结合自身和行业核安全文化培育和建设的最新实践和要求，升版发布了《中国核电卓越核安全文化十大原则（2022 版）》；公开发行《中国核电核安全文化建设历程》（2022 年版）。

目 录

CONTENTS »»

第一篇

追本溯源：
“核安全文化”起源与发展

1979 年，美国三哩岛核电厂 2 号机组发生了因操作失误导致的部分堆芯损毁事故，事后总结的经验教训表明，核电厂在保障核安全方面既要考虑技术措施，也要将人的因素纳入管理范畴。

1986 年，苏联切尔诺贝利核电厂 4 号机组发生了人类历史上最严重的核事故之一，操纵员在试验过程中违规关闭了反应堆安全系统导致堆芯完全熔毁，并产生爆炸。国际原子能机构（International Atomic Energy Agency，IAEA）在总结切尔诺贝利事故经验教训时提出组织内所有人对待核安全的态度和行为是影响核安全的重要因素，并由此提出“安全文化”的概念。

1988 年，IAEA 出版的《核电厂基本安全原则》（INSAG-3）对核安全文化作了进一步阐述，安全文化被强调为基本的管理原则。

1991 年，IAEA 发布了《安全文化》（INSAG-4）专题报告。该文件给出了安全文化的定义，即安全文化是存在于组织和个人中的种种特性和态度的综合，它建立了一种超于一切的观念，即核电厂的安全问题由于它的重要

《安全文化》（INSAG-4）

性，要确保得到应有的重视。同时也阐述了安全文化对决策层、管理层和个人三个层次的要求，并提出一系列问题和定性的"指标"用以衡量所达到的不同层次的核安全文化水平。

1998 年，IAEA 出版了《在核能活动中发展安全文化》（安全报告丛书 No.11），论述安全文化发展的三个阶段。

1999 年，IAEA 发布了《核电厂运行安全管理》（INSAG–13），要求运行核电厂最高管理者能够持续推进核安全文化水平提升。

2001 年，IAEA 发布了《在强化安全文化方面的关键实务》（INSAG–15），提出核电厂核安全文化发展中三个阶段的目标和特征，以及达到第三阶段的方法和路径。

2002 年，美国 Davis–Besse 核电厂发生了反应堆压力容器封头顶盖降质事件，事件的根本原因分析报告指出，盲目自信、仅满足于符合最低标准、未有效利用行业经验以及缺乏对核安全的敏感性是造成该事件的主要原因。

2003 年，匈牙利 Paks 核电厂在燃料组件堆外清洗过程中发生燃料组件严重损坏事件，事件总结报告指出，核电厂未认识到保证燃料组件完整的重要性，在遵守核标准、工作责任心等方面存在不足。

2004 年，美国核动力运行研究院（Institute of Nuclear Power Operations，INPO）在进一步总结相关事件经验教训的基础上，发布了《强有力的核安全文化原则》，提出了践行核安全文化的八大原则。美国电站联盟（Utilities Service Alliance，USA）基于该原则推出了核安全文化评估方法，并在美国核行业推行核安全文化评估。

2006 年，世界核电运营者协会（World Association of Nuclear Operators，WANO）参照 INPO 的八大原则发布了《强有力的核安全文化原则》，并将其进一步推广至全球核电行业。

2011 年，地震引发的海啸造成日本福岛第一核电厂堆芯严重损毁，并造成放射性泄漏。福岛核事故表明，超设计基准事件尤其是极端外部事件的应对，也应该被纳入核安全考虑范围。同时，各个国家的核监管部门也加强了对核安全文化的关注。

2012 年，为了统一不同群体对核安全文化术语的分歧，INPO 对《强有力的核安全文化原则》进行了升版，发布了《健康的核安全文化特征》，从个人、管理层以及管理体系三个方面提出了健康的核安全文化的十大特征。

2013 年，WANO 参照 INPO 十大特征发布了《健康的核安全文化特征》。

2015 年，中国国家核安全局、国家能源局和国家国防科工局联合发布《核安全文化政策声明》，提出了核安全文化建设八个方面的要求。这是中国核监管部门联合推动核行业核安全文化培育与发展的重大举措，在中国尚属首次。

2015 年，中国核能电力股份有限公司（以下简称“中国核电”）在充分借鉴国际先进经验的同时，结合《核安全文化政策声明》以及自身的核安全文化建设经验，发布了《中国核电卓越核安全文化的十大原则》（以下简称“十大原则”）。

2016 年，习近平主席在华盛顿核安全峰会上提出，要“强化核安全文化，营造共建共享氛围”，并指出“法治意识、忧患意识、自律意识、协作意识是核安全文化的核心，要贯穿到每位从业人员的思想和行动中，使他们知其责、尽其职”。

2018 年，《中华人民共和国核安全法》（以下简称《核安全法》）正式实施，明确要求核设施主管部门以及营运单位积极培育和建设核安全文化。

2019 年，中国第一部核安全白皮书《中国的核安全》发布。该书指出：有效保障核安全，人的因素最为重要。中国坚持不懈加强核安全文化建设，建立中央督导、地方主导、企业作为、公众参与的核安全公众沟通机制，规范和引导从业人员的思想行为，发动社会公众广泛参与，营造人人有责、人人参与、全行业全社会共同维护核安全的良好氛围。

2020 年，IAEA 发布《和谐的安全文化模式》；国家能源局发布了《电力安全文化建设指导意见》，从行业层面、企业层面以及员工层面提出了安全文化建设的长期目标。

2022 年，中国核电发布了升版《中国核电卓越核安全文化十大原则（2022 版）》（以下简称"新版十大原则"），以凝聚优秀中华文化，体现中国核电核安全文化实践智慧。

纵观核安全文化发展历程，全球核行业通过对三哩岛事故、切尔诺贝利事故、福岛核事故等重大核事故进行深入思考和原因分析，吸取经验教训，比如三哩岛事故反映出人的因素对核安全的重要性，切尔诺贝利事故说明了人的态度和行为的重要性，福岛事故说明超设计基准事件尤其是极端外部事件的应对也应该被纳入核安全考虑范围。

中国作为世界核行业的主要参与者，始终坚持在确保安全的前提下发展核能与核技术，重视核安全文化的建设，并在各个管理环节践行核安全文化理念和原则。中国核电作为我国核电事业的开拓者和引领者，秉持"核安全高于一切"的理念，始终坚持"安全第一、质量第一"的根本方针，从成立之初便强调安全、关注安全，不断将国际最新理念与自身特点相结合，建立了具有中国核电特色的核安全文化体系。

第二篇

发轫之始：
核电厂核安全文化建设探索

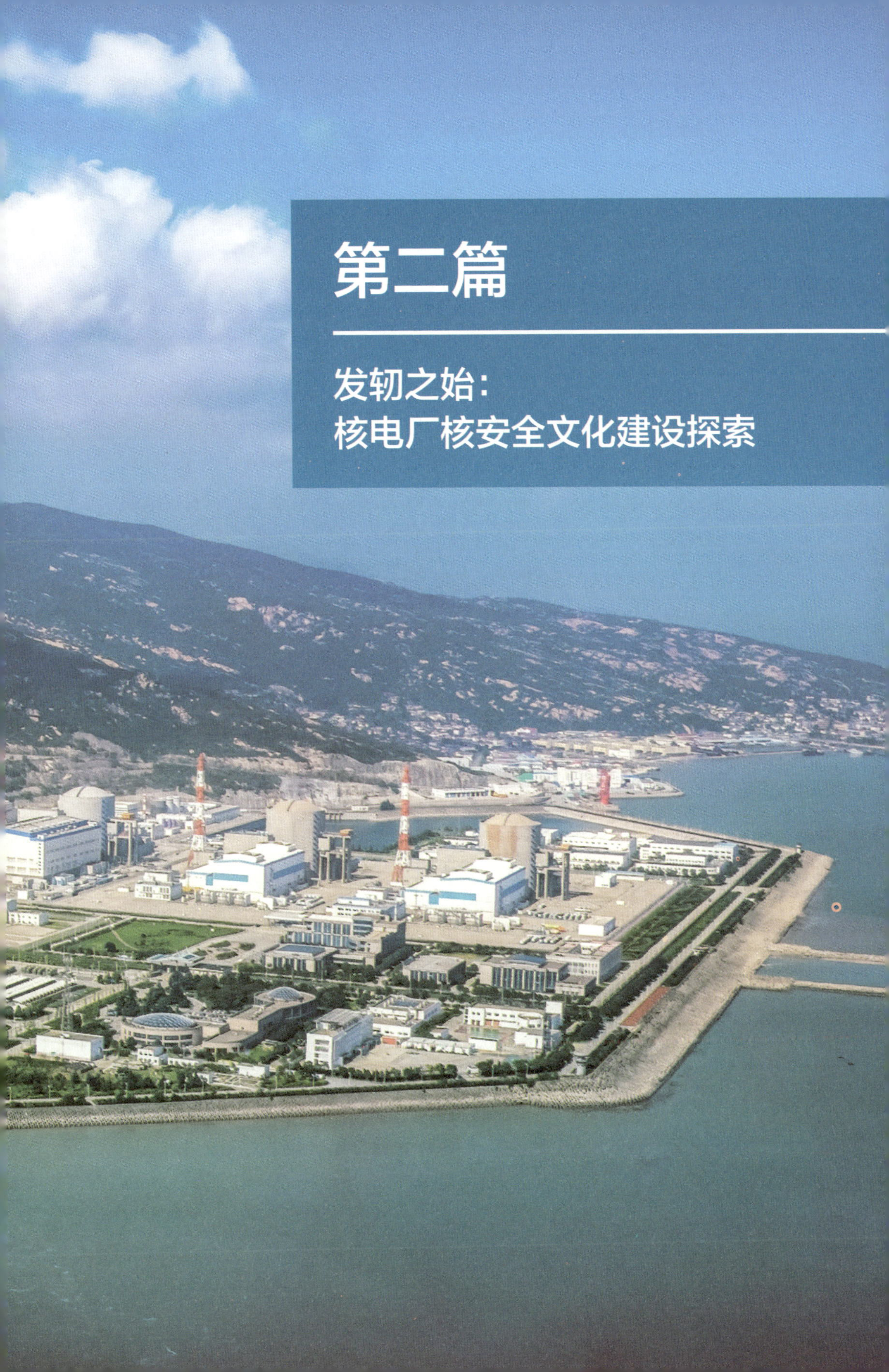

中国核电秉承核工业优良传统，在成立初期就坚持“安全第一、质量第一”的根本方针，并始终关注核安全文化建设。在秦山、田湾核电基地发展初期，通过吸收和融入国际理念，中国核电初步开展了一些核安全文化建设的实践工作，为后续一体化推进核安全文化建设打下了坚实的基础。

秦山核电厂

1989 年，秦山核电厂首次接受 IAEA 运行前安全评审。在此次评审过程中，秦山核电厂广泛接触到核安全文化管理理念。为了培育核安全文化，秦山核电厂引入 IAEA 的方法，自上而下地宣传和推广核安全文化，采用“走出去”“请进来”的方式学习先进的核安全文化理念。通过广泛的宣贯、培训，实现了电厂管理层从传统安全观念到先进安全文化理念的转变。同时，为了强化员工安全文化意识，规范人员行为，电厂开展了各种安全检查活动，使得职工在安全培训、班组安全管理、反习惯性违章、现场隐患排查、执行各项安全管理制度等方面取得了很大成绩。

1994 年，秦山核电厂在核电机组投入商业运行之前，便提出了“安全是核电厂的生命”的理念，并开始进行核安全文化培育。为了提高管理人员素养，秦山核电厂启动了转变管理人员观念、

▲**秦山核电厂外景**（秦山核电厂采用中国 CNP300 压水堆技术，装机容量 1×30 万千瓦）

提高管理水平、向国外学习的计划。在 IAEA 的支持下，先后派出了四批管理人员到法国、美国、韩国等国进行安全管理水平提升培训，这为后来秦山核电厂构建现代化的管理平台奠定了坚实基础。通过与国际同行对标交流，管理层认识到人因管理的重要性，通过规范操作和强化意识纠正人的行为偏差，重点强化生产一线员工的核安全文化意识和整体素养，以提升核电厂安全生产业绩。

1997 年，秦山核电厂首次接受 IAEA 运行安全评审组（Operational Safety Review Team，OSART）评审，并认识到对卓越安全文化原则的认知与行业高标准还存在差距。针对 IAEA OSART 提出的建议，秦山核电厂认真分析原因并制定了一系列的纠正行动计划，进一步促进了核安全文化的建设。

1998 年，秦山核电厂发生“T6 事件”（堆芯吊篮下部部件受损事件），并在 T6 事件后公布了安全质量政策声明，制定了年度安全管理目标和五年规划，完善了管理制度体系；建立了状态报告制度，形成了良好的报告文化；在管理制度中强调保守决策；在公司纲领中明确安全文化是企业文化的核心；建立自我评审制度，不断持续改进。同时，也深刻认识到设备和企业员工是影响核电厂运行安全的两大关键环节，企业员工是关键中的关键。

2000 年，秦山核电厂将核安全文化正式作为安全管理的重要组成部分，并对《运行质量保证大纲》进行了升版，增加了“运行经验反馈”和“持续改进”两项新内容，进一步强化安全管理的措施。

秦山核电厂不断融合国内外优秀的核安全文化实践，树立了“安全视为生命、责任化为动力、制度保障效益、团队构造优势、创新成就未来”的企业文化，形成了具有自身特色的安全文化理念。

秦山第二核电厂

1996 年，秦山第二核电厂主体工程开工。自开工之日起，秦山核电二期就牢固树立“安全第一、质量第一”的根本方针，坚持“本质安全、人机保护、分级管理、保守决策、监护操作”等核安全文化理念。

2002 年，秦山第二核电厂在 1 号机组刚投入商业运行不久、2 号机组正在进行安装调试的情况下，接受了国防科工委核电厂运行评估委员会组织的国内首次核电运行评估。评估结果反映出核电厂在高标准践行核安全文化方面还有待提升。秦山第二核电厂接受运行评估后，电厂管理层非常重视问题的整改，从人、财、物方面提供了充分的保障。如：优化了管理制度和管理流程，建立了指标管理体系、状态报告制度、十大缺陷管理制度，组织机构与部门职责接口分工更加明确，一些重要安全生产岗位人员得到了充实，对设备缺陷、定期试验、在役检查进行了有效跟踪和趋势分析等，电厂安全可靠性得到了明显的提升。

2003 年，秦山第二核电厂接受了 WANO 同行评估，这也是中国核电首个接受 WANO 同行评估的核电厂。评估期间，秦山第二核电厂认识到管理水平与行业高标准还存在差距，针对 WANO 评估队提出的建议，认真分析原因并制定了一系列的纠正行动计划，进一步促进了电厂核安全文化的建设。

2004 年，秦山第二核电厂借鉴国际同行先进经验，结合电厂的管理流程，自主开发了同期国内功能最为完善的状态报告系统，规范了报告问题、处理问题的流程，在电厂内部营造了员工关注安全、报告问题的氛围。

▼**秦山第二核电厂外景**（秦山第二核电厂采用中国 CNP650 压水堆技术，装机容量 4×65 万千瓦）

秦山第三核电厂

秦山第三核电厂是国家“九五”重点工程，是中国和加拿大两国迄今最大的贸易项目。工程于1998年6月8日开工，两台机组分别于2002年12月31日和2003年7月24日投入商业运行。在工程建设中，建立了“垂直管理，分级授权，相互协作，横向约束，规范化、程序化和信息化运作”的管理模式，实现了工程管理与国际接轨；全部104个单位工程被评为优良，优良率为100%；电站各项指标满足设计要求，采用了达到同期世界先进水平的CANDU-6型机组，为我国核电发展积累了宝贵的经验。时任国家主席胡锦涛在《关于秦山重水堆核电站建设经验的报告》中作了重要批示：“成绩可喜，经验可贵。望再接再厉，创造新成绩。”时任国务院总理温家宝批示“经验宝贵”。

2003年，秦山第三核电厂投产后，通过与国际先进同行的管理对标，明确了以提升管理层领导力和员工核职业素养为核心的核安全文化建设理念。一方面发挥管理层的带头、示范和管理作用，另一方面重点强化生产一线操作人员的核安全文化的意识和整体素质。秦山第三核电厂逐步形成了以安全文化为核心的企业文化，提炼出“一个硬道理、两个永远、三化运作、四个创造、五星管理、六个期望”的“123456”安全文化体系。该体系作为推行文化管理的理念和基础，促进了秦山第三核电厂的整体运行管理水平的持续提升。

2005年，秦山第三核电厂管理层积极探索核安全文化的内涵以及与电厂安全管理的关系，发布了安全文化专著《核电企业的灵魂》，从建设核电企业安全文化，加强制度建设、环境建设等方面入手，对安全文化进行了深入分析和有益探讨，开创性地建

▲**秦山第三核电厂外景**（秦山第三核电厂采用加拿大坎杜重水堆技术CANDU-6，装机容量2×72万千瓦）

立了安全文化与星级目标管理的评价体系。

2010年，秦山第三核电厂启动高标准电厂建设，持续开展与国际一流核电厂对标管理工作，强化敏感设备管理、机组十大缺陷管理以及日常消缺和预防性维修，促进设备管理绩效持续改进提升。同时，深入开展6S管理，将6S管理理念融入核电厂安全生产、机组大修和日常管理等各个方面，促进电厂管理水平和员工职业素养持续提升。

田湾核电厂

田湾核电厂从建设初期就坚持“安全第一、质量第一”的根本方针，倡导“人人都是安全的一道屏障”的安全管理理念。

2004年，田湾核电厂接受IAEA运行前安全评审，吸收了国

▲**田湾核电厂外景**（田湾核电厂1、2号机组采用俄罗斯AES-91型压水堆技术，装机容量2×106万千瓦。3、4号机组采用俄罗斯VVER-1000型反应堆技术，装机容量2×113万千瓦。5、6号机组采用中核集团自主研发的M310+改进机型技术，装机容量2×118万千瓦）

际同行的最新核安全文化理念和实践，结合电厂实际开展了核安全文化建设工作，并实施了核安全文化全员培训授权工作。

2006年，田湾核电厂接受WANO同行评估，针对评估队提出的组织管理及核安全文化方面的问题，制定了有效的纠正措施，开始全面推进管理规范化和精细化工作，基本形成了“垂直管理，分级授权，相互协作，横向约束，规范化、程序化和信息化运作”的管理模式，标志着田湾核电厂核安全管理由认知向提升转变的开始。

2008年，田湾核电厂接受中国核能行业协会同行评估，结合同行评估的结论，首次提出了电厂管理层期望和领域工作文化理念，电厂的日常工作逐渐由制度约束向文化牵引过渡。

2010年，田湾核电厂在管理层期望和领域工作文化理念基础上，进一步提炼出以“总经理部八个期望”（“明确的工作目标、质疑的工作态度、审慎的工作方法、清晰的沟通表达、严格地遵

守程序、细致地自我检查、认真的工前会议以及进取的和谐团队”）为核心的核安全文化建设理念，明确了电厂以核安全文化为核心的管理思路，传递出管理层的管理期望，通过共同价值观的引导和共同愿景的建立，促进核安全文化的培育。

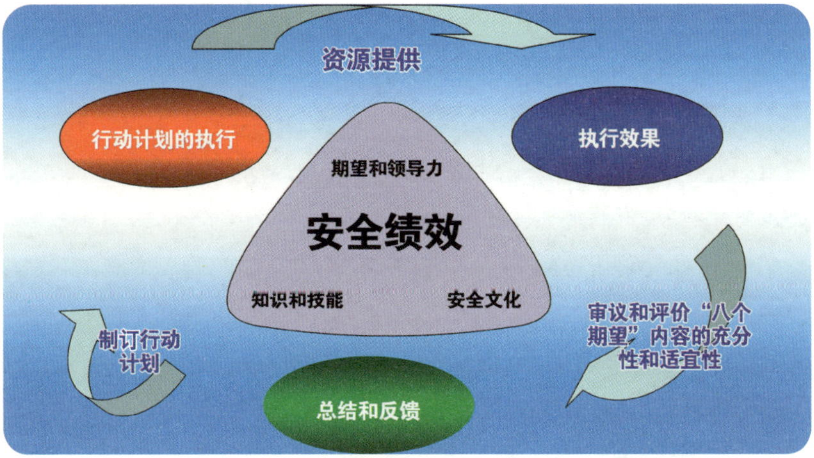

▲田湾核电厂“总经理部八个期望”推进流程

第三篇

整体联动：
中国核电一体化推进核安全文化建设

中国核电各电厂在早期的发展中不断引入和借鉴国际同行先进经验，将其融入电厂安全管理实践中，并不断丰富核安全文化建设理论，开展了各具特色的核安全文化实践。

2008年，中国核电成立伊始，便从管理理念和组织构架上对标国际先进组织，在核安全文化建设中，始终秉承核工业优良传统，将核安全视为事业的生命线、企业的生存线、员工的幸福线，遵循“理性、协调、并进”的核安全观，坚持文化引领导向，一体化推进核安全文化建设。

核安全文化建设推进总体思路

中国核电的企业文化以中国特色社会主义文化为“土壤”，以核工业文化为“养分”，以核安全文化为“根系”，以追求卓越的导向为“主干”，以子公司文化的特色为“枝叶”，以国际一流目标为“果实”。

对于核电企业而言，核安全是安全文化建设的核心目标，安全文化是企业文化的主导组成部分，安全文化建设依赖于企业文化这个基础。

对于中国核电而言，核安全文化是中国核电企业文化的灵魂和内核，是中国核电安身立命的文化根基。中国核电在借鉴国际、国内同行开展核安全文化建设经验基础上，结合自身多年来核安

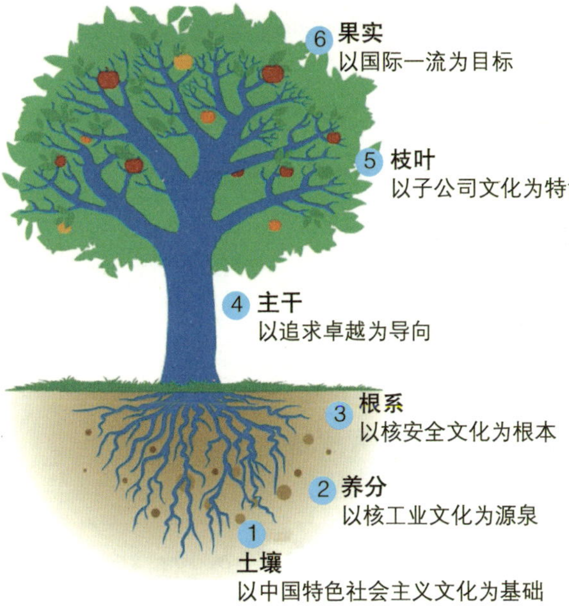

▲中国核电“卓越文化树”

全文化实践经验，总结出中国核电核安全文化一体化推进思路，并应用于核安全文化建设工作中。

中国核电核安全文化一体化推进思路是指，成立核安全文化推进专项组织，建立共同认可和奉行的核安全文化标准，开展系统化的培训与宣贯，明确各级人员的行为要求和职责，定期实施核安全文化评价与监督，识别核安全文化薄弱环节并改进，以持续提升核安全文化水平。

▲企业文化、安全文化与核安全之间的相互关系

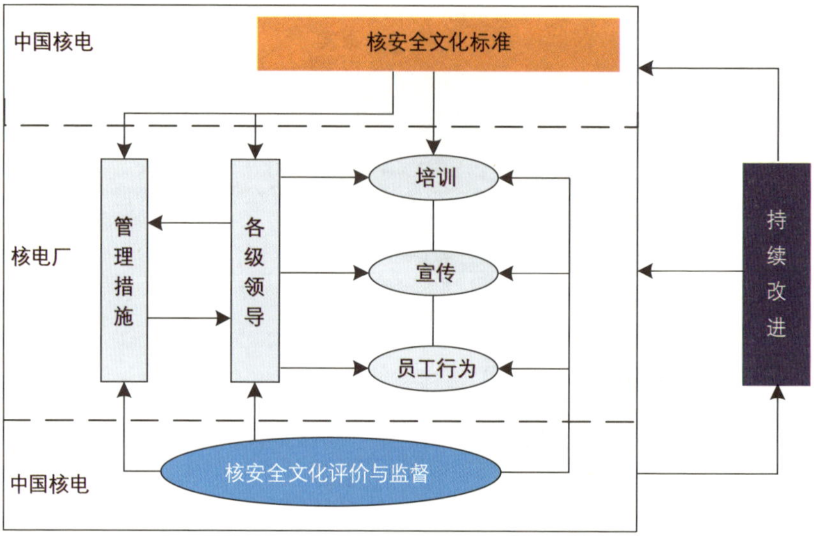

▲中国核电核安全文化一体化推进思路

组织机构与管理制度建设

中国核电核安全文化建设推进委员会是中国核电一体化推进核安全文化建设的顶层组织。核安全文化建设推进委员会由中国核电总经理担任主任，中国核电分管安全公司领导担任副主任，委员会委员包括中国核电安全总监、安全质量部主任、党群工作部主任、各成员单位主要负责人等。

在中国核电核安全文化建设推进委员会的领导下，中国核电开启了核安全文化建设推进工作，制定核安全文化建设的制度、规划、计划、指导手册等，指导各成员单位的核安全文化建设活动；统筹开展核安全文化标准开发、核安全文化评价体系建设、核安全文化宣贯培训等相关工作。

中国核电发布了《核安全政策声明》，提出“核安全是事业的生命线、企业的生存线、员工的幸福线”的卓越核安全文化理念。

同时，为规范中国核电及各成员单位核安全文化推进工作，中国核电发布了《核安全文化推进管理导则》，明确了各成员单位推进核安全文化建设的组织机构与职责、核安全文化标准以及培育核安全文化的管理措施，通过宣贯与培训、专项评估、问卷调查等工作一体化推进核安全文化水平提升。

核安全全文化标准的制定与发布

2010 年，中国核电通过 WANO 技术支持活动（TSM）组织了核安全文化评估培训班，邀请到 IAEA、INPO、日本核技术研究所（Japan Nuclear Technology Institute，JANTI）以及中国台湾电力公司的核安全文化专家，并就核安全文化标准开发工作与之进行研讨与交流。

▲ WANO 核安全文化评估培训班

通过对比分析，中国核电最终确定引入 WANO 发布的《强有力的核安全文化原则》，并于 2010 年 7 月正式发布了中国核电《卓越核安全文化的八大原则》（以下简称“八大原则”）。同时，中国核电巧妙地将核安全文化的基本内涵与中国古典文化相结合，创造性地设计了八张宣传图，加深了员工对八大原则的理解。

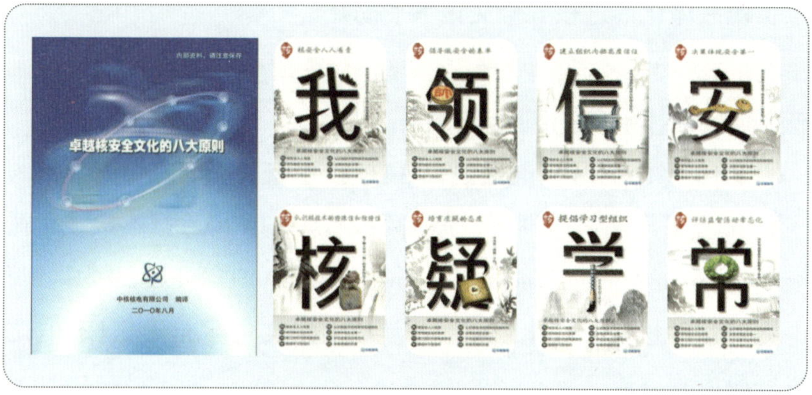

▲《卓越核安全文化的八大原则》

2013 年，WANO 发布《健康的核安全文化特征》。2015 年，国家核安全局、国家能源局和国家国防科工局联合发布《核安全

▲《中国核电卓越核安全文化的十大原则》海报

文化政策声明》。同年，中国核电开发了《中国核电卓越核安全文化的十大原则》。

2022 年，中国核电鉴于国内外的发展趋势，结合自身和行业核安全文化培育和建设的最新实践和要求，对十大原则进行了升版，编制了《中国核电卓越核安全文化十大原则（2022 版）》，旨在推动中国核电核安全文化水平持续提升。

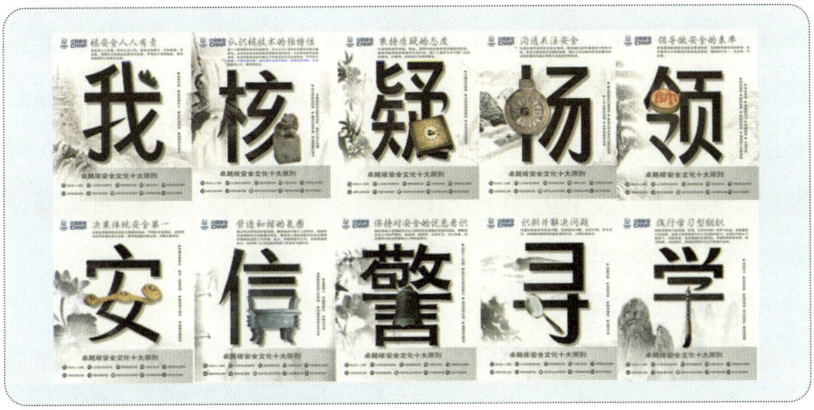

▲《中国核电卓越核安全文化十大原则（2022 版）》海报

相比 2015 年发布的十大原则，新版十大原则的优化和完善主要体现在五个方面：一是落实了中共中央、国务院关于推进安全生产领域改革发展的意见，并将《核安全法》《核安全文化政策声明》《核安全文化特征》《中国的核安全》白皮书等对核安全文化的相关要求融合在修订的核安全文化要素中；二是融合了“知行合一”“居安思危”等优秀中华文化的内容，更利于大家理解和掌握；三是强调了做有高度责任心的核从业者，要求所有从业人员坚持系统观念，知其责、尽其职；四是吸收了行业实践经验，增加“卓越的领导力”等相关要求；五是体现了中国核电核安全文化建设工作的持续性和创新性，在核安全文化的相关要求中强调从“培育和培养”到“实践与创新”的逐步转变，从而进一步推动了核安全文化理念内化于心、固化于制、外化于行，助推中国核电安全管理业绩全面提升。

一体化推进实践

中国核电按照 GOSP（Governance，Oversight，Support，Performance，即管控、监督、支持、执行）管理方式，依托群厂管理思路，开展了多项核安全文化一体化推进工作。如：统筹开展核安全文化评价；推进群厂经验反馈体系建设和运转；防人因失误工具的开发、推广和应用；开展观察指导和人员行为监测；统一开展标准化的基本安全授权培训；等等。

核安全文化评价

核安全文化评估体系建设

按照中国核电核安全文化一体化推进思路，为了识别核安全文化薄弱环节，中国核电早在 2009 年就计划启动核安全文化评估体系的建设工作。

2010 年，中国核电通过对比各国际组织的核安全文化评估方法，最终确定了引入 INPO 核安全文化评估方法，核安全文化推进工作组组织编制了《中核核电核安全文化评估体系》。

▲中核核电核安全文化评估体系

2011年，为了进一步了解和掌握核安全文化评估方法，中国核电派出3名核安全文化推进工作组成员前往美国学习核安全文化评估方法与流程。中国核电参考国际实践，开发了核安全文化评估软件及核安全文化问卷调查系统，编制了核安全文化访谈问题清单。

2015年，中国核电升版开发了十大原则。为充分体现核安全文化标准的新要求，中国核电结合第一阶段核安全文化评估经验，对核安全文化评估体系文件进行了升版，重新开发了适合中国核电的核安全文化访谈问题题库和问卷调查题库，以及核安全文化评估软件及核安全文化问卷调查系统，进一步完善了中国核电的核安全文化评估体系。2022年，中国核电发布新版十大原则后，启动了对核安全文化访谈问题题库和问卷调查题库的更新工作。

▲中国核电核安全文化评价指导文件

核安全文化培训

2011 年，中国核电在浙江举办了首次核电厂核安全文化评估员培训班。为了保证核安全文化基本理念的传播以及核安全文化评价的实施效果，中国核电每年统筹规划，组织开发形式多样的核安全文化培训材料，对中国核电及各成员单位骨干人员进行核安全文化集中培训。截至 2021 年底，中国核电已组织开展了 10 期核安全文化培训班，对中国核电及各成员单位 400 多名骨干人员进行了核安全文化理念和评价方法的培训。具备核安全文化评价资质的核电骨干人员将进一步推动核安全文化向基层员工传播，有利于核安全文化内化于心。

核安全文化评估、问卷调查与改进

2011 年，中国核电对秦山核电厂实施了国内首次核安全文化评估。截至 2021 年底，中国核电已成功组织实施了 14 场核安全文化评估，覆盖中国核电所有运行核电厂。

自 2015 年起，中国核电基于核安全文化评估结果定期形成分析报告，通过对相关数据的分类、归纳与分析，挖掘中国核电在核安全文化建设方面存在的共性问题，并持续改进。

自 2016 年起，中国核电连续 6 年实施全员核安全文化问卷调查，超过 90% 的员工参与到核安全文化问卷调查活动中，营造了全员关注核安全文化的氛围。同时，问卷调查数据能帮助管理层及时了解核安全文化状况，并识别出最值得关注的核安全文化属性，作为下一年度核安全文化的推进重点。

▲中国核电核安全文化评估活动

群厂经验反馈体系建设和运转

在“规模化、标准化、国际化”发展战略的指引下，中国核电建立了群厂经验反馈体系，并不断推动经验反馈体系标准化，稳步提高群厂经验反馈有效性。

中国核电群厂经验反馈管理体系以经验反馈委员会为运作核心，以经验反馈信息平台为主要工具，明确了中国核电总部、成员公司、技术支持单位的主要职能、相互关系和需要分工协作的经验反馈事务，经验反馈管理范围从以前的单个电厂扩大为群厂。

2015—2017 年，中国核电设计并开发了“中国核电经验反馈系统”，形成了覆盖所有成员单位的一体化经验反馈管理平台，实现了中国核电 A、B 类事件实时管理以及各核电厂经验信息的实时共享，为将来经验反馈大数据分析以及信息的二次分析利用提供了基础条件。

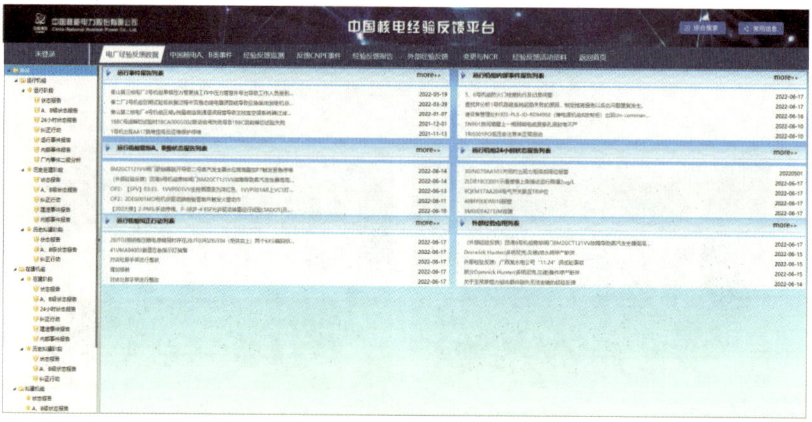

▲中国核电经验反馈平台

2017 年，中国核电发布了《经验反馈管理办法》，开发了相应的标准化导则，为群厂经验反馈管理机制的运行提供了顶层制度保障。中国核电建立了 A/B 类事件管理机制和 A 类事件总经理专题汇报机制，通过识别 A/B 类事件、分析事件根本原因、制定和落实共性管理要求等措施，针对性解决各电厂实体缺陷、人员绩效和相关管理问题，以强化对核电厂的管控、监督和支持。同时，中国核电与项目总承包单位建立了经验反馈交流机制，并覆盖设计、采购等环节，持续推动经验反馈得到广泛应用。

另外，中国核电开展了基于统计过程控制的趋势分析工作，通过明确的、具有可操作性的异常趋势判断准则，识别出某些领域存在的异常趋势。例如：针对成员核电厂发生的重要事件，中国核电启动调查分析，形成重要事件群厂经验反馈报告。

防人因失误工具的开发、推广和应用

2009 年，中国核电组织编制了《防人因失误工具》手册，开发了 11 个标准化防人因失误工具并推广应用。为了持续培育使用防人因失误工具的氛围，中国核电设计了防人因失误工具海报等产品，并张贴至各电厂作业现场，让每位核电人将防人因失误工具使用“内化于心、外化于行”。

▲《防人因失误工具》手册

2010 年，中国核电在人因管理实践的基础上，发布了《核电厂人因管理基础》和《核电厂人因管理指南》，为各电厂开展人因管理工作提供了有力指导。

▲防人因失误工具海报

▲《核电厂人因管理基础》及《核电厂人因管理指南》

2012 年，为了进一步增强培训效果，中国核电陆续推进了各核电厂人因实验室的建设。目前中国核电所有运行电厂均已建设人因实验室并投入使用。

▲核电厂人因实验室

2012 年，中国核电首次举办了防人因失误技能竞赛，以更好地宣传、引导、激励核电职工用好防人因失误工具。截至 2022 年底，防人因失误职工技能竞赛已经累计举办 5 届，成为中国核电一项品牌活动。

▲中国核电 2020 年第五届防人因失误职工技能竞赛

▲中国核电防人因失误职工技能竞赛现场

为了加强人因管理领域的交流，中国核电定期组织各核电厂召开防人因失误专题研讨会、技术交流会等研讨活动，推进核电厂人因管理人防、技防综合发展，全面提升核电厂人因管理水平。中国核电通过推广人因失误陷阱查找竞赛活动，鼓励全体员工通过现场工作查找人因失误陷阱，并在经验反馈平台填写状态报告，反映查找到的人因失误陷阱。人因失误陷阱通常会涉及程序质量、工作准备、工作时间控制、人员知识和技能等。同时，中国核电持续强化对成员公司人因管理的监督，通过对核电厂人因事件的二级分析和反馈，使核电厂人员了解人因失误产生的原因，结合自身工作吸取教训、避免失误。通过这种方式，及时识别各成员单位人因管理的偏差，挖掘良好实践，指导各核电厂提升人因管理有效性。

观察指导和人员行为监测

2015 年，中国核电在调研、了解、分析、理解国外同行经验的基础上，以系统化、标准化的思维推动开展观察指导工作，结合人因管理理论、十大原则和自身的实践经验，组织开发了《核电厂观察指导手册》，明确了中国核电各核电厂开展观察指导工作的基本原则。《核电厂观察指导手册》充分考虑核电厂各级领导下现场的需求，设计了观察指导卡，并给出了填写样例，切实提高了观察指导的有效性。

▲《核电厂观察指导手册》

2016 年，观察指导卡首次在秦山核电使用，后续又在田湾、福清等成员电厂普遍应用。

2018 年，中国核电发布了《观察指导管理导则》，进一步明确了核电厂实施观察指导的要求。

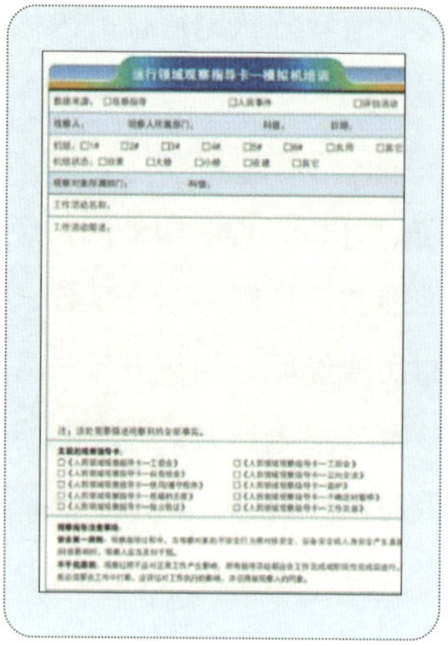

▲观察指导卡

▲《观察指导管理导则》

标准化的基本安全授权培训

2011 年，中国核电成立了“核电厂网络化基本安全授权平台工作组”，专项开展中国核电的安全授权网络化培训的相关研究工作。

2012 年，中国核电编制了统一的核安全文化培训教材《核电厂安全文化》，用于各电厂的基本授权培训。同年，中国核电研发了核电厂基本安全授权课程网络化培训平台，并投入使用；同时开发了 8 门基本安全授权培训课程多媒体课件，并部署在 e-Learning 系统中。目前，网络化培训体系已经覆盖所有基本安

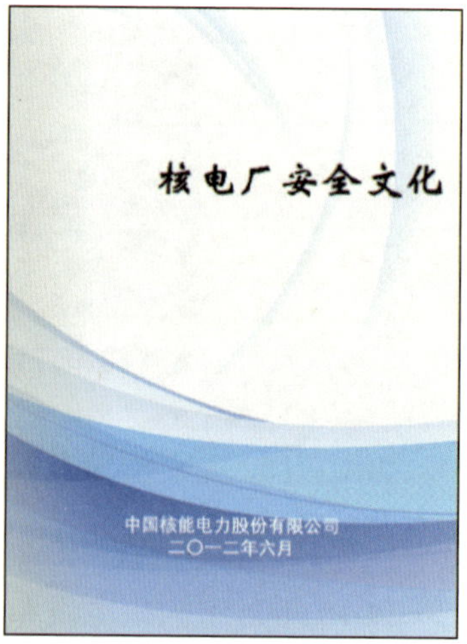

▲培训教材《核电厂安全文化》

全授权培训领域。

2018 年，中国核电发布了《基本安全培训实施管理导则》，规范了各成员单位基本安全培训管理体系的建立和运转。目前，核电厂安全文化已经作为一项基本安全管理要素被纳入所有成员公司的培训体系中，通过基本安全授权培训可以确保核电厂所有人员均能得到系统性的核安全文化培训，了解核安全文化起源与发展，以及核安全文化在核电厂实际工作中的应用实践和管理层对员工行为的期望。

第四篇

精耕细作：践行《中国核电卓越核安全文化十大原则》

十大原则之一：核安全人人有责

中国核电将员工的安全素养视为企业的品牌和核心竞争力。为持续提升员工安全素养，中国核电明确了各个岗位的安全责任，制定了关键领域的人员行为规范，强化了员工尽职履责要求，并通过这些举措推动员工在工作中坚持高标准，发扬严慎细实的工作作风。

五大责任主体

2018 年，中国核电发布了《核电厂五大生产岗位组织职责管理要求》，明确了核电厂五大生产岗位负责人（计划负责人、技术负责人、维修准备负责人、运行隔离负责人、工作负责人）的职责，促进核电厂生产岗位职责的有效落实。

一岗一清单

2019 年，中国核电在梳理本部及成员单位各岗位工作职责及安全职责的基础上，发布了《核电厂安全生产责任一岗一清单规范》，以强化核电厂全员安全生产责任制，促进全体岗位员工严格履行安全生产责任，确保实现安全业绩目标。

人员行为规范

2018年，中国核电发布了《人员行为规范管理导则》，提出了全体员工在工业安全、辐射防护、消防、保卫及保密、培训、应急、信息文档、人因管理、经验反馈等方面应遵守的基本要求，以提升核电厂人员绩效和核安全文化水平。

十大原则之二：认识核技术的独特性

中国核电强调在所有的计划、方案、实施和监督中都要考虑核技术的独特性，并采取了一系列管理举措，如提升设备可靠性的相关工作、核应急管理、高风险作业过程管控等，不断强化核安全监督，从而促进机组各项业绩持续提升。

设备可靠性

中国核电高度重视设备可靠性管理，通过设备可靠性管理委员会持续推进设备可靠性提升。委员会设工作组5个、专家组10个。委员会定期召开例会，促进各电厂经验交流，组织专题培训，提升人员能力，组织专项评估，找出良好实践案例和待改进项。各工作组和专家组通过定期交流对标、互相支持、开发标准导则及开展共性问题研究实现共同提升，实现了设备管理的标准化、规范化。

中国核电以专项的方式持续开展机组减少非计划停机停堆（减非停）工作，通过减非停专项工作的管理和控制，推进成员电厂加强设备特别是关键敏感设备（SPV）管理工作，从 SPV 部件识别、缓解策略开发、标准工作包编制、工作风险控制、脱敏推进等方面夯实设备管理基础。

为更加有效规范各电厂的设备管理绩效指标（EQP），更加客观地体现各机组设备管理绩效水平，促进指标弱项分析并切实引领机组设备可靠性持续提升改进，中国核电研发出设备管理绩效指标体系，采用该体系对各电厂运行机组进行打分，并将结果纳入电厂机组运行排名及绩效考核中。

核应急管理

中国核电持续完善应急计划，严格实施应急值班管理，定期开展应急演习，以强化应急人员的响应能力。同时，中国核电依

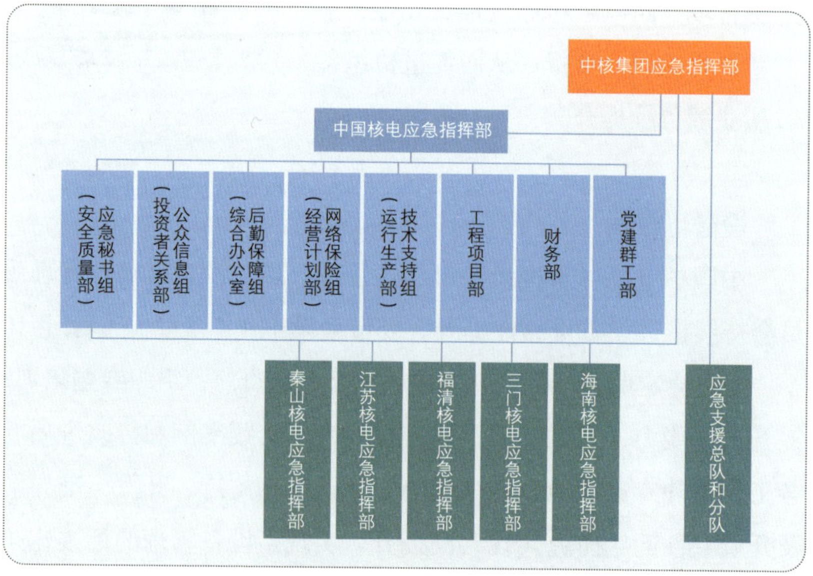

▲中国核电应急指挥组织机构图

托秦山核电厂组建了核电厂场内应急支援总队，并积极推进核电厂场内应急救援基地建设。

高风险作业过程管控

中国核电发布了《工业安全高风险作业主要岗位安全风险管控职责》，明确了工业安全高风险作业中涉及的六大岗位安全风险管控职责以及介入流程（六大岗位指计划负责人、维修准备负责人、技术负责人、运行隔离负责人、工作负责人、作业执行部门安全管控人），并规定了现场旁站监督的具体要求。

福岛核事故后安全改进

福岛核事故后，根据国家核安全局及有关方面的要求，中国核电积极响应，及时组建福岛核事故后安全改进专项工作组，制定《福岛核事故后核电厂安全改进行动专项工作计划》，并推动落实。

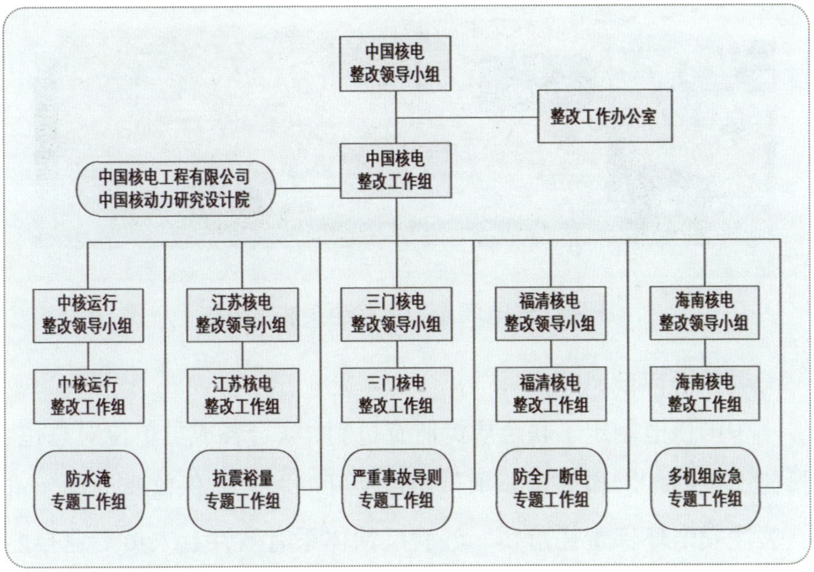

▲福岛核事故后中国核电安全改进专项工作组织机构图

截至 2013 年，中国核电运行核电厂短、中期安全改进工作全部按计划完成，长期改进项按计划推进，中国核电各运行和在建核电厂机组本质安全度和安全冗余性得到提升。

▲秦山核电厂防洪防水淹改造示意图

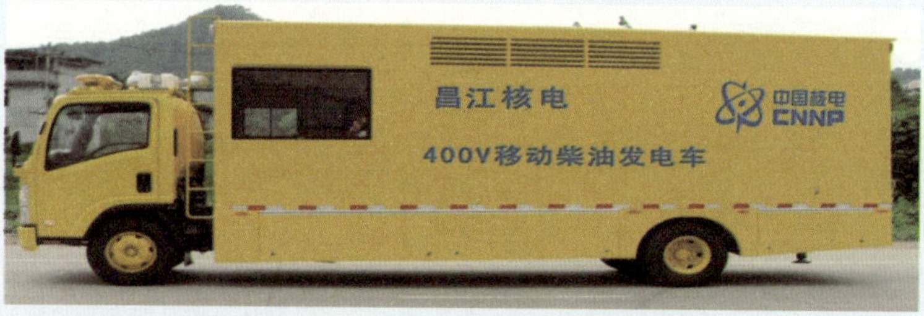

▲昌江核电厂 400V 移动柴油发电车

联合质保监查活动

中国核电制定了联合质保监查机制，联合各成员单位对总包、检修、役检、燃料等重要承包商定期开展联合质保监查活动，重点关注安全环保责任落实、经验反馈体系有效性、人员专业技能及资质以及项目安全质量问题改进等。联合质保监查活动可以共享各成员单位在各项目质保大纲实施中的质量信息，促进承包商制造、服务技能水平不断提升，同时促进同行交流，提升质保人员业务能力，保障在建工程项目质量。

重点领域评估

2018 年，中国核电梳理了过去十年内外部业绩监督数据，找出了中国核电及各成员单位重点关注的焦点问题，涉及管理有效性、运行人员知识和技能、值长领导力、运行规程优化、电厂状态和配置控制、工作管理等领域，并针对中国核电本部以及五家运行核电厂组织实施了重点领域自评估（Focused Area Review，FAR）活动。同年，中国核电邀请了 WANO 专家组织开展了重点领域评估，进一步提高了评估成效。

▲中国核电邀请 WANO 专家开展重点领域评估

十大原则之三：秉持质疑的态度

培养质疑的态度是指员工在任何情况下都应对现场的各种状态、假设、异常和活动保持警觉并持续质疑。中国核电为了使全体员工秉持质疑的态度，开展了一系列特色活动，如“风险挑战会”“专设挑战者”等，在全体员工中营造了质疑的氛围。

风险挑战会

2017 年，三门核电发布了风险挑战会管理规定，增加了“风险挑战”环节，由运行部门根据周计划提出风险挑战需求。风险挑战会由电厂领导主持，运行、维修、技术等部门负责人参加。挑战会期间，工作负责人需接受各部门对于该项工作相关风险的挑战，以判断风险控制措施是否完备，确保该项工作处于安全可控状态。

专设挑战者

2018 年，福清核电在生产早会中专门设立挑战者角色。挑战者由与会部门负责人轮流担任，根据早会发言顺序，在其他各部门负责人发言结束后，对当日早会内容、工作安排、风险提示等进行补充和挑战。对挑战者提出的疑问，对应责任部门会及时响应。通过专设挑战者，强化了日常工作中“质疑的工作态度”。

十大原则之四：沟通关注安全

中国核电要求全体员工在沟通时始终关注核安全，并要求管理层在各种场合传递核安全的重要性，通过践行“每日一条安全信息”“早晚会制度”等管理要求，持续强化、沟通关注安全的理念，营造关注安全的氛围。

每日一条安全信息

2011 年，田湾核电率先开展“每日一条安全信息”学习活动，进而由中国核电将其推广至所有成员单位。在各类会议或培训正式开始前，对安全信息进行宣讲，向全体员工传递管理期望、学习经验反馈，宣传核安全文化，逐步形成安全宣讲的长效机制，使安全沟通理念扎根于员工心中，形成“人人关心安全生产、事事追求安全绩效”的良好氛围。

早晚会制度

核电厂通过生产早会与管理晚会制度高效协调电厂管理问题。其中，生产早会是保障机组安全、可靠运行的重要环节，是机组状态变化、重要活动开展情况的信息交流与沟通渠道；管理晚会是生产机组管理和技术问题的决策会议，是紧急缺陷、高风险作业以及各部门管理和技术问题的重要沟通和交流途径。

十大原则之五：领导做安全的表率

中国核电为了充分发挥领导的表率作用，通过“管理巡视”等工作传递管理层期望、规范员工行为，并通过组建“325 团”、搭建“4E3A”平台等管理措施为成员单位提供资源支持，发挥文化引领作用，促使核安全文化进一步落地。

管理巡视

中国核电组织各级管理层定期开展管理巡视活动，及时发现人员行为不足之处、管理薄弱环节和现场缺陷，向基层员工传递公司管理期望，持续提升安全管理业绩。

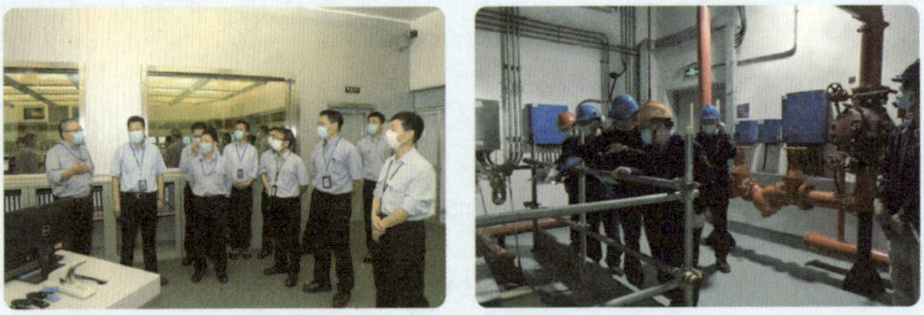

▲管理层开展管理巡视活动

标准化体系

2010 年，中国核电确立了三化发展战略，即规模化、国际化和标准化。中国核电标准化战略的目标是，建设标准化管理体系，形成战略管控、财务管控和操作管控相结合的上下联动一体化管理模式。2017 年，中国核电成立了标准化工作组，确定了 6 项标准化工作：基本制度、标准机构、管理导则、信息系统、技术标准和品牌文化。工作组将中国核电目前所有业务划分为 18 个主领域，并对重点管控的领域进行细化分解，拓展为 50 个子领域。

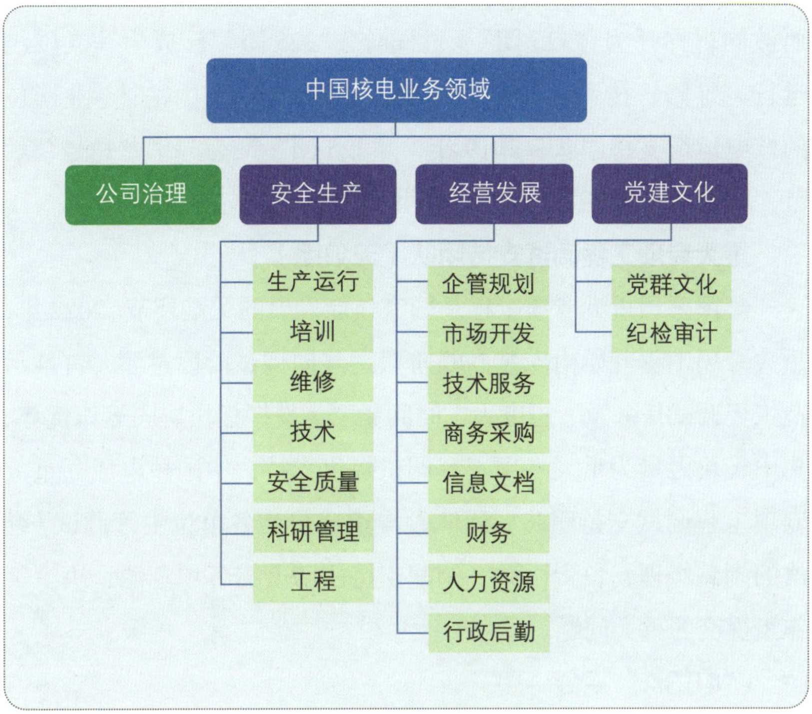

▲中国核电标准化业务领域

“325 团”

2018 年，AP1000 全球首堆的三门核电 1 号机组迎来装料节点，为保障机组顺利投产，中国核电统筹资源，组建了一支经验丰富、专业齐全、运作灵活的运行支持团队。这支运行支持团队由成员单位的 325 名专业人员组成，因而被同行称呼为“325 团”。目前，“325 团”已成为一支围绕运行、维修、技术、安全管理四大领域，涉及 50 多个专业岗位的核电运行支持团队。2019 年，“325 团”又为“华龙一号”示范工程福清核电 5、6 号机组提供了运行技术支持。

重大专项工程调试支持团队（天狼团）

集团公司重大专项工程是国家核能发展的关键环节。2022 年，重大专项工程开始由安装高峰阶段逐步向调试阶段过渡，首堆示范工程调试任务重、难度大、时间紧。为发挥板块协同运作优势，集中板块力量为重大专项工程调试提供支持，中国核电成立重大专项工程调试支持团队。团队领导组成员为各单位主管调试 / 维修的副总经理，负责协调、调配支持团队所需各项资源，决策工作组提交的重大问题。

“4E3A”平台

中国核电制定了“4E3A”的信息化推进方案，以落实集团化运作、专业化经营的管理理念，并推动运行标准化、技术专业化、资源集约化、管理精益化。“4E”系统侧重于业务层面，是应用于实际工作的信息系统，通过业务贯通和横向集成，突

▲ N1-EAM（核电厂生产管理平台）在福清 5、6 号机组正式上线

破公司间、部门间、业务间的壁垒，实现业务流、资金流、信息流的有机统一，综合提升管理效能，具体包括核电厂生产管理平台（EAM）、人财物经营管理一体化平台（ERP）、企业内容管理一体化平台（ECM）、设备可靠性管理平台（ERDB）。“3A”即经营管理平台（AGP）、安全生产管理平台（ASP）和党建文化平台（ADP）。

近年来，根据对设备可靠性管理的实际需求，中国核电将设备可靠性管理平台（ERDB）更新为设备可靠性管理系统（ERMs），通过 ERMs 管理着 16.7 万余台设备，实现 1600 余个系统、1200 余个大型关键设备的在线监督，上线以来取得了良好的经济效益和示范效应。2021 年，中国核电组织开发核电厂关键与敏感设备智慧管理系统（ASP-2），以持续提升机组安全性、经济性，减少机组非计划自动停堆停机。

十大原则之六：决策体现安全第一

中国核电成立了安委会业务组，建立了“运行决策”机制，从组织机构和制度层面持续强化“决策体现安全第一”，确保支持或者影响核安全的决策是系统的、严格的和全面的。同时，中国核电要求各级管理层向全体员工传递保守决策的期望，当面对意外或者不确定的情况时，能将核电厂置于安全状态。

安委会业务组

中国核电成立了安全生产委员会业务组，下设核安全组、工业安全组、辐射防护组、消防保卫组等 8 个业务小组。各小组组长由中国核电各领域的领军人才或资深专家担任，通过制定标准导则、查找管理偏差等措施，提高核电厂安全管理水平。

运行决策

为推动科学决策，保证机组安全稳定运行，中国核电发布《运行决策与十大缺陷管理导则》，以指导电厂运行人员全面分析决策后果，并正确处理。各核电厂能够始终坚持安全第一的原则，在处理异常工况或设备缺陷时践行保守决策。如：

2016 年，福清核电 3 号机一台主泵启动后轴瓦温度迅速上升，电厂出于安全考虑，立即停运主泵，并决定对另外运行正常的 2 台主泵进行解体检查，推迟热试启动进度 10 余天。

2017 年，在秦山核电“212 大修”机组启动期间，当压力到达 7.0MPa 时堆芯热电偶机械密封存在轻微泄漏，电厂要求停止升压并返回维修冷停状态进行彻底检查和消缺，随后发现的确存在结垢和阴阳法兰端口间隙缺陷，因此导致大修工期延期 3 天。

2018 年，田湾核电发现 1 号机组主变 A 相变压器油色谱在线分析出的乙炔含量从 0.62 μL/L 持续上升至 4.51 μL/L，而变压器油温、绕组温度、声音均正常，红外检查未发现异常过热部位，于是电厂立即组织厂家人员进行讨论，邀请相关专家会诊，及时启动生产决策停机小修。

十大原则之七：营造和谐的氛围

中国核电提倡组织内充满信任和尊重，强调“以人为本”，重视各级人员提出的不同专业意见，并通过“合理化建议”“薪酬一体化”等一系列管理措施，在组织内部营造和谐的氛围。

此外，中国核电注重与公众保持良好的沟通，通过魅力之光等活动持续开展面向公众的宣传和核科普教育，同时发布了《中国核电公众沟通白皮书》，开创性地建立了全新的公众沟通模式。

合理化建议

中国核电制定了“合理化建议”机制，鼓励全体员工提出改进和完善生产技术、产品质量、经营管理、业务流程等方面的方法和措施，充分调动全体员工参与公司管理的积极性，进一步贯彻“上下同欲、凝心聚力”的团队理念，充分发挥员工的集体智慧，促进技术改进和发明创造，提高劳动生产率和经济效益，提升核心竞争力。

薪酬一体化

中国核电先后发布了《职级工资标准》《工资性津贴补贴标准》以及《职级工资、工资性津补贴套改实施细则》，完成了中国核电一体化职位体系及薪酬体系套改工作，进一步拓展了员工职业发展通道，激发了员工的工作积极性，推进了人力资源管理标准化。

公众沟通

2016 年，中国核电正式发布《中国核电公众沟通白皮书》，建立了全新的 3C 公众沟通模式，即信心（Confidence）、联结（Connection）、协同（Coordination）的“3C”沟通理念，推动公众沟通从 B2B 向 B2C 扩展，从而深化公众对核电的科学认知，最大限度消除公众恐核心理。

中国核电积极组织“公众开放周”“工业旅游”“核工展”等系列公众沟通活动，向公众普及核科普知识，加深公众对核行业的认识。同时，中国核电建立了全方位核电信息发布平台矩阵，

▲第九届中国企业社会责任报告国际研讨会

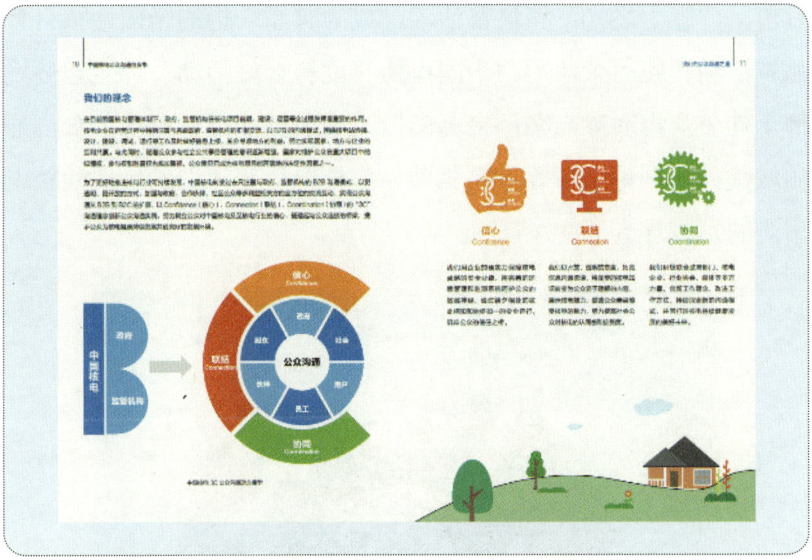

▲《中国核电公众沟通白皮书》之 3C 理念

通过网络信息公开、媒体信息公开、社会责任报告发布、新闻发布会和媒体见面会等多种途径向公众公开核电相关信息。为帮助公众理性认识核电，中国核电还通过微漫画、微视频、动画等大众喜爱的媒体形式深入浅出地将深奥难懂的核电知识传递给公众。

魅力之光

2013 年，在国家原子能机构、国家能源局、国家核安全局、中国科协等指导下，中国核电与中国核学会联合举办了首届“魅力之光”杯全国中学生核电科普知识竞赛及夏令营活动；之后，每年举办“魅力之光”核科普活动。截至 2022 年 6 月，该品牌科普活动由知识竞赛、夏令营拓展到院士面对面、科普创意征集、网络直播、科普讲解大赛等多种形式，目前连续举办了十届，累计吸引了 350 多万以中学生为主体的公众深度体验核电，使公众提升对核安全文化的认知度、认同度和支持度，网络传播量过亿。

目前，“魅力之光”核科普活动已成为首屈一指的全国性核科普品牌活动，先后荣获了“中国科协年度科普好活动”“生态环境部十佳公众沟通参与案例提名奖”“中国核能行业协会公众沟通领域优秀案例论文”等重要奖项，为核电科普知识的传播和核电事业的发展营造了良好氛围。

▲第十届“魅力之光”杯核科普活动启动暨院士核科普直播活动

十大原则之八：保持对安全的忧患意识

中国核电要求全体员工始终保持对安全的敬畏之心和忧患意识，理解核安全工作的复杂性、敏感性和影响的广泛性，通过管理层授课、安全总监监督机制等，强化全体员工“事件有可能在这里发生”的意识，定期识别核安全面临的风险和挑战。

管理层授课

中国核电管理层以践行核安全文化的传播为己任，将安全管理期望有效传递至各级员工。“管理层授课”覆盖内容广泛，包括核安全文化、学习型组织、人因失误等。同时，中国核电持续推广“新年第一课”系列活动，传递安全期望。

▲中国核电主要负责同志定期讲授安全主题讲座

安全总监监督机制

中国核电在各成员电厂设立了安全总监，发布了《安全总监管理办法》，规范了安全总监开展核安全监督、质保监督等相关工作的方法与流程。安全总监每周独立向中国核电报告电厂的安全运行状况，并定期开展经验交流和分享。

中国核电每年定期组织安全总监团队对各运行核电厂的组织与管理、核安全、工业安全、辐射防护等安全相关业务开展巡查活动。安全总监巡查过程中，在发现问题的同时也会发掘新的良好实践，并在中国核电范围内进行推广，以整体提高中国核电安全业绩。

十大原则之九：识别并解决问题

中国核电重视问题识别、原因分析、解决措施和趋势分析，并实行了一系列管理举措，如：状态报告制度、机组综合指标、挂牌督办机制等，践行识别并解决问题的理念，稳步推进生产经营业绩提升。

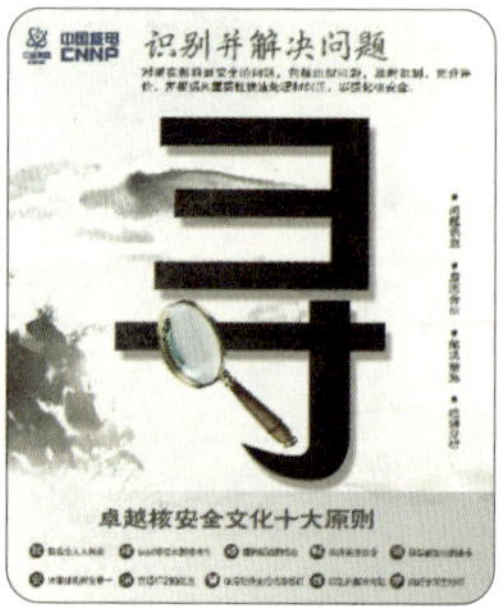

状态报告制度

中国核电各成员单位鼓励每位员工和承包商员工报告发现的任何异常，包括低级别事件和未遂事件，并建立了规范化的状态报告制度，任何异常均能通过状态报告系统得到及时的报告和记录、有效的处理和反馈。统计所有状态报告数据，并定期开展趋势分析。同时，各成员单位会依据状态报告的重要度等级启动不同级别的响应流程。

机组综合指标

中国核电组织设计了机组综合指标，包含安全质量、运行生产、设备管理等五大类共计 72 项指标，并被固化在安全生产管理平台中。管理层通过查阅该平台指标变化趋势，可以结合其他信息源共同判断机组的运行状况，以尽早识别业绩弱化趋势。

▲中国核电安全生产管理平台

挂牌督办机制

2018 年，中国核电建立了电厂安全生产重大问题挂牌督办机制，统筹各业务板块力量，对安全生产重大问题进行内外部跟踪和协调，促进问题有效解决，保证机组安全稳定运行。安全生产重大问题挂牌督办项目一般以成员电厂高层管理者为负责人。针对跨电厂共性问题，由中国核电明确项目的牵头单位及负责人，秉持保守决策理念，制定统一行动规划，以确保共性问题得到有效解决。

十大原则之十：践行学习型组织

中国核电珍惜、寻求和利用一切继续学习的机会，高度重视运行经验，积极培育从经验中学习的能力，利用经验反馈、培训、对标等措施促进学习以改善业绩。通过使用各种监测手段，保持对核安全的持续监测，其中一些监测手段能提供独立的视角或新视野。

经验反馈

中国核电建立了完善的 A/B 类事件管理机制，并针对性开发了一体化管理平台。中国核电建立了 A/B 类事件分级准则、中国核电 A 类专题汇报机制，通过快速排查共性问题、梳理原因、实施整改行动以吸取重要事件的经验反馈教训，避免事件重发。中国核电定期开展经验反馈数据分析，通过梳理共性问题与异常趋势监测，提高经验反馈有效性。同时，中国核电与部分承包商单位建立了经验反馈交流机制，推动经验反馈发挥更广泛的作用。

同行评估

中国核电建立了核电厂专项同行评估体系，促进各成员单位持续改进绩效。2018 年，中国核电发布了《同行评估管理导则》，规范了各成员单位评估活动管理。同时，结合电厂需求，中国核电开发了多个业务领域同行评估标准，如核电厂大修评

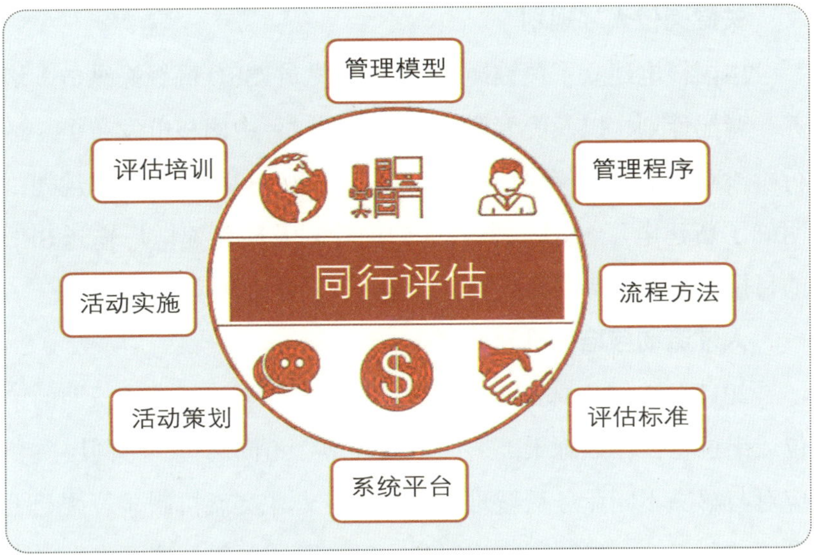

▲中国核电同行评估体系核心要素

▲中国核电专项评估活动

估、核电厂人员绩效专项同行评估、核电厂生产准备专项同行评估等。中国核电组织实施的专项评估与IAEA的运行安全评审、WANO的同行评估以及中国核能行业协会的运行评估等外部评估互为补充、相互促进。截至2021年底，中国核电已开展了80多场专项评估活动，发现了300多个待改进项，覆盖20多个不同的专业领域。

关键岗位人才规划

中国核电建立了关键岗位（RO 操纵员 /SRO 高级操纵员）培养、调配计划，以及配套激励措施。同时，中国核电发布了《运行阶段双机组关键岗位清单》，制定了 RO/SRO 关键人才规划，明确了新建电厂 SRO 后备人选调配计划及向新建电厂输送 SRO 的目标任务，以持续提高核电厂运行人员职业素养。

人才流动与培养机制

2017 年，《干部交流管理制度》发布，通过短期或长期的单位或岗位轮换，锻炼干部适应不同环境、不同岗位、不同层次和应对与解决不同业务领域难题的能力。人才交流机制显著调动了员工的积极性，自制度实施以来，已在不同层级开展了多批次人才交流。

蔚蓝的海岸线。图为核电用于运输大件设备的重件码头

第五篇

百花齐放：
核电厂深化开展核安全文化建设

在中国核电一体化推进核安全文化的蓝图下，各成员单位结合自身特色开展了丰富多样的核安全文化建设实践活动，使核安全文化入脑、入心，进一步规范了人员行为，提高了核电厂安全运行业绩。

秦山核电

秦山核电为全面有效地推进安全文化建设，于 2012 年发布了《核安全文化推进管理》，从制度上保证了公司核安全文化建设工作能规范、有序、有效地推进。

2014 年，秦山核电积极响应和贯彻国家领导人提出的中国核安全观及国家核安全局等发布的《核安全文化政策声明》的精神，

▼秦山核电鸟瞰图

制订公司核安全文化推进专项行动方案，邀请环境保护部及其下属单位国家核安全局等监管单位领导及专家，多次开展核安全文化宣贯讲座。公司领导、各级管理人员、公司普通员工及承包商人员 1100 多人次参加了宣贯培训，并且公司领导于同年在公司内部面向公司员工再次开展了核安全文化宣贯。

秦山核电高度重视承包商安全管理工作，2014 年发布了《承包商月度安全联席会议》管理制度，成立了承包商管理委员会，按月开展承包商安全联席会议，定期分析承包商安全管理状况，传达电厂安全管理期望，增进信息沟通和信任。同时，为了加强风险管控能力，秦山核电实行分级管控高风险作业许可证制度，将作业风险等级分为两级，针对“带电作业”“高空作业”“密闭空间”等 11 类高风险作业制定了《安全措施自检单》。同时，秦山核电归纳、提炼出“五步十法”工作理念。该理念涵盖高风险项目从开始到结束完整周期的每个阶段，为高风险项目实施人员和各级安全管理人员提供清晰、简明、朗朗上口、便于记忆、易于实施的高风险项目安全管理工作方法。秦山核电以方家山机组为试点，积极推进厂房安全风险管理规范化、系统化，有效实现对各厂房内固有设施、设备和系统存在的安全风险的摸底排查和动态管控，建立较先进的安全技术管理标尺。为加强高风险作业人员的安全教育培训，秦山核电通过录制工业安全培训视频、编印工业安全培训系列教材 / 刊物等形式持续强化公司员工的安全意识和行为。

2015 年，秦山核电确立了“上援下推”的核安全文化推进原则，由电厂中高层管理人员通过授课、宣贯、现场观察等形式，率先垂范并传递安全理念和管理期望。为有效落实“上援下推”的核

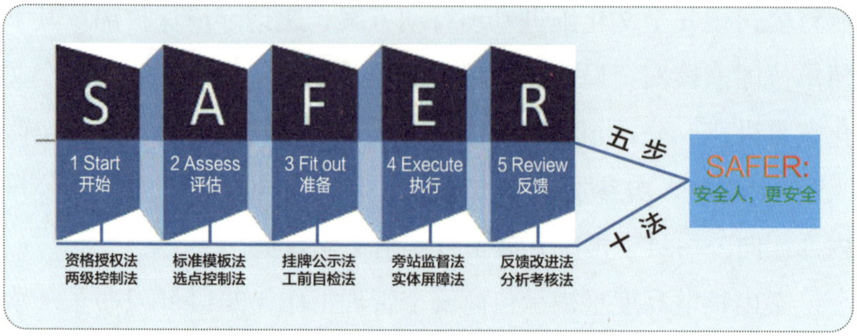

▲秦山核电安全风险管控“五步十法”

安全文化推进原则，秦山核电开展了以“两个1–3–5”为主题的专项核安全文化推进系列活动，制定了“1–3–5”安全工作目标，即：参与授课的干部人数不少于100名；不少于300名干部参加现场观察和指导，提交不少于300份观察指导报告；副科级及以上人员完成500份C类及以上状态报告的开发。活动覆盖了公司全体成员和各级承包商，以“干部带头做安全的表率，广大员工积极参与、群策群力，共保安全”为主题思想，深入、全面地开展各项工作，大力推进了公司核安全文化的建设，并将部分成果和要求纳入管理程序形成长期机制。

2016年，秦山核电提炼出“做一名有高度责任心的核电工作者”的核安全文化价值理念，以这句简洁明了、便于核电工作者认识和理解的话作为电厂核安全文化价值引领，并形成了一套较为完整的价值理念推进机制，从宣贯、学习、反思、行动、观察、管理改进六个方面全面开展责任心提升工作。在核安全文化价值理念宣贯方面，秦山核电开发了“高度责任心之梯”“责任心矩阵”，深度阐释了核电工作者责任心的维度和内涵。各部门组织开展了对“高度责任心之梯”及“高度责任心之梯解读”的学习，传达

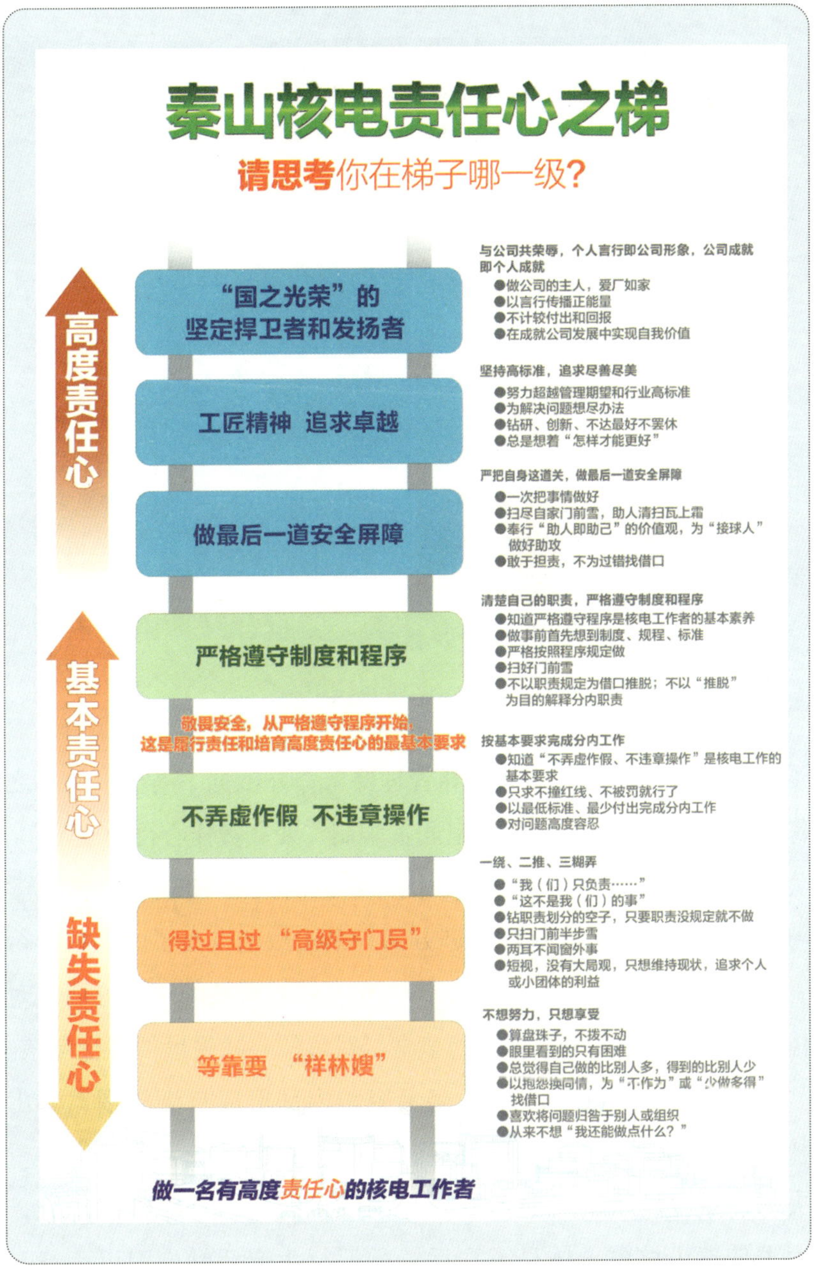
秦山核电责任心之梯
请思考你在梯子哪一级？
高度责任心
基本责任心
缺失责任心
"国之光荣"的
坚定捍卫者和发扬者
与公司共荣辱，个人言行即公司形象，公司成就即个人成就
●做公司的主人，爱厂如家
●以言行传播正能量
●不计较付出和回报
●在成就公司发展中实现自我价值
工匠精神 追求卓越
坚持高标准，追求尽善尽美
●努力超越管理期望和行业高标准
●为解决问题想尽办法
●钻研、创新、不达最好不罢休
●总是想着"怎样才能更好"
做最后一道安全屏障
严把自身这道关，做最后一道安全屏障
●一次把事情做好
●扫尽自家门前雪，助人清扫瓦上霜
●奉行"助人即助己"的价值观，为"接球人"做好助攻
●敢于担责，不为过错找借口
严格遵守制度和程序
清楚自己的职责，严格遵守制度和程序
●知道严格遵守程序是核电工作者的基本素养
●做事前首先想到制度、规程、标准
●严格按照程序规定做
●扫好门前雪
●不以职责规定为借口推脱；不以"推脱"为目的解释分内职责
敬畏安全，从严格遵守程序开始，
这是履行责任和培育高度责任心的最基本要求
不弄虚作假 不违章操作
按基本要求完成分内工作
●知道"不弄虚作假、不违章操作"是核电工作的基本要求
●只求不撞红线、不被罚就行了
●以最低标准、最少付出完成分内工作
●对问题高度容忍
得过且过 "高级守门员"
一绕、二推、三糊弄
●"我（们）只负责……"
●"这不是我（们）的事"
●钻职责划分的空子，只要职责没规定就不做
●只扫门前半步雪
●两耳不闻窗外事
●短视，没有大局观，只想维持现状，追求个人或小团体的利益
等靠要 "祥林嫂"
不想努力，只想享受
●算盘珠子，不拨不动
●眼里看到的只有困难
●总觉得自己做的比别人多，得到的比别人少
●以抱怨换同情，为"不作为"或"少做多得"找借口
●喜欢将问题归咎于别人或组织
●从来不想"我还能做点什么？"
做一名有高度责任心的核电工作者

▲秦山核电责任心之梯

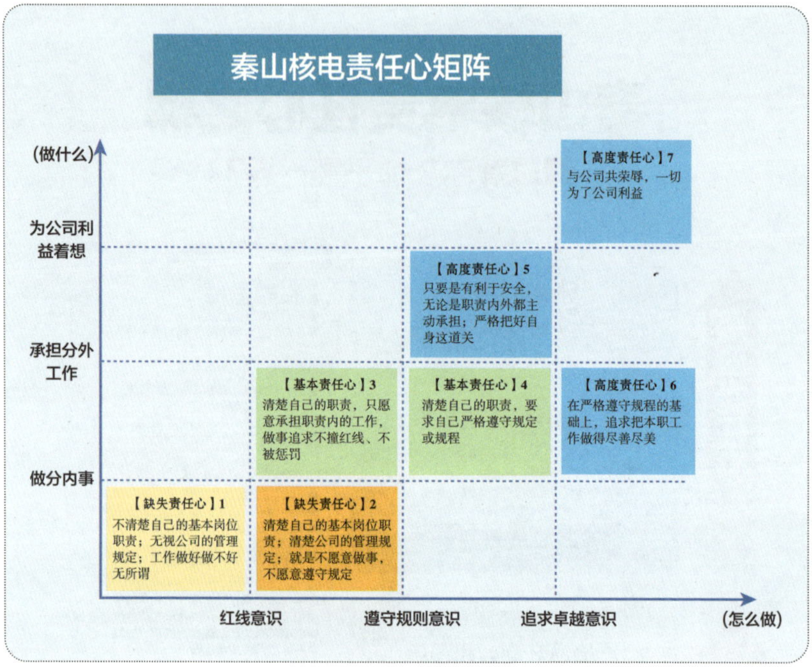

▲秦山核电责任心矩阵

了公司对高度责任心的期望和管理要求，并依据“高度责任心之梯”的层级和内涵，结合处室职责编制“处室责任心行为规范”。公司各处室共发布关于责任心优秀事例的文章1068篇，推优学习的文章165篇。在管理改进方面，秦山核电发布了《中核运行责任心管理办法》，将责任心作为安全绩效考核的一个方面，对体现出高度责任心的事迹进行表彰，对责任心缺失事件进行考核。

为了建立学习型组织，避免组织内部形成自满氛围，秦山核电组织编制了《中核运行评估发现问题警示录》，对一些重大的、重复发生的或典型的存在问题进行整理、归纳和总结，力求使秦山核电全体员工在后续的运行生产活动中引以为戒。同时，秦山核电以状态报告为抓手持续打造报告文化，并通过良好行为认可活动，激发员工的自主性，持续提升全体员工的行为绩效。

2017 年，秦山核电发布了《强化责任心反习惯性违章专项方案》，通过开展责任心问卷调查、责任心访谈全面了解情况。为使核安全文化价值理念固化于全体员工的日常工作中，组织开发了《中核运行基本人员行为规范》《处室责任心行为规范》，并汇集成册印制发放。秦山核电编制了《责任心“十三五”规划》，对公司 2017—2020 年责任心建设工作进行了全面的规划，为下一阶段系统、有序地开展责任心提升工作提供了有力的依据和指导。

2018 年，《核安全法》正式实施，秦山核电为加强公司员工对《核安全法》的理解并强化遵法守法意识，组织多批次《核安全法》宣贯培训活动，邀请外部专家解读《核安全法》，逐条说明各条款的背景、意义、影响范围等。秦山核电还针对《核安全法》的实施，开展了《核安全法》条款适应性评价和各类执照文件内容的适应性自查，包括但不限于执照文件之间的符合

▲秦山核电开展《核安全法》宣贯

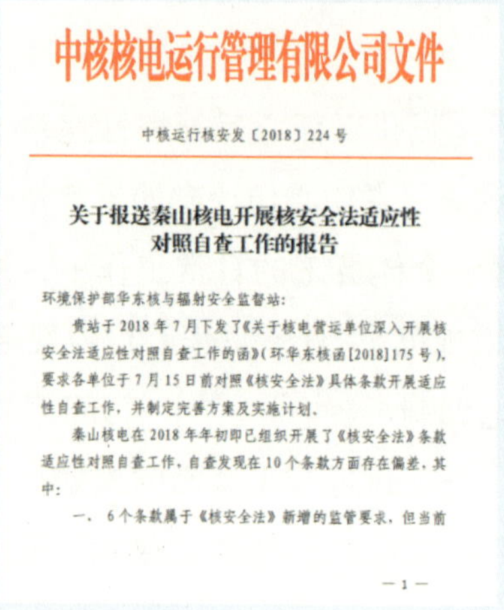

中核核电运行管理有限公司文件

中核运行核安发〔2018〕224 号

关于报送秦山核电开展核安全法适应性对照自查工作的报告

环境保护部华东核与辐射安全监督站：

贵站于 2018 年 7 月下发了《关于核电营运单位深入开展核安全法适应性对照自查工作的函》（环华东核函[2018]175 号），要求各单位于 7 月 15 日前对照《核安全法》具体条款开展适应性自查工作，并制定完善方案及实施计划。

秦山核电在 2018 年年初即已组织开展了《核安全法》条款适应性对照自查工作，自查发现在 10 个条款方面存在偏差，其中：

一、6 个条款属于《核安全法》新增的监管要求，但当前

— 1 —

▲秦山核电《核安全法》适应性自查报告

性、下游文件与执照文件的符合性、现场实际配置与执照文件的符合性等，累计发现约 670 个问题。后续逐步落实了执照文件修订升版工作和下游执行文件的修订升版工作，并编制了《核安全法》条款适应性评价报告。

2019 年，秦山核电为深入贯彻落实“安全是核工业的生命线”理念，推进核安全文化水平不断提升，组织开展“新年安全第一课”活动。此后，领导讲“新年安全第一课”活动作为秦山核电推进安全文化建设的一个手段，每年年初均开展一期，由公司董事长或总经理

▲秦山核电开展“新年安全第一课”

主讲。

2019 年，秦山核电将核安全文化建设延伸至承包商单位，将承包商纳入公司安全生产管理体系，消除安全管理责任真空。公司每月组织召开承包商安全例会，同步建立并不断优化承包商绩效考核制度，激发承包商单位安全“内动力”。

2020 年，秦山核电积极贯彻落实习近平总书记关于“理性、协调、并进”的核安全观的重要指示精神，强化广大干部员工“安全第一”的核安全意识，面向全体员工和承包商员工组织开展了福岛核电厂核事故震撼教育。

2021 年，秦山核电深入推进党建引领安全文化建设，开展党员进班组活动，发挥党员先锋模范带头作用，推动参建处室、协作单位和核心承包商班组安全生产工作走深走实。党员联系协作单位班组专项采取“1+1+1+1”模式组建了 30 个参建小组。参建领导、党员干部深入一线班组谈心谈话、座谈、现场观察指导、参与班组工前 / 工后会等，发现设备设施、后勤、管理等存在的相关困难和不足，参建处室与协作单位共同给予帮扶，促进班组安全质量管理水平和安全文化水平提升。

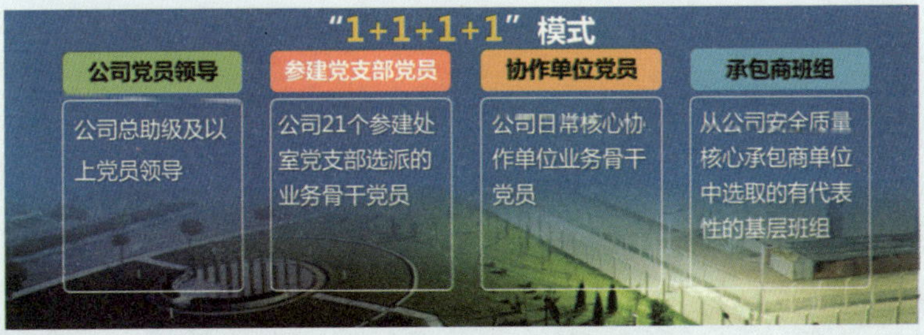

▲秦山核电党员联系协作单位班组

江苏核电

在江苏核电的发展历程中，“核安全第一”的要求始终贯彻于各阶段的工作任务当中。从2002年正式全面开展核安全文化建设工作以来，江苏核电积极学习国内外行业先进安全文化理论知识和建设工作经验，经历了认知、提升、持续改进和追求卓越阶段，在应用同行良好实践经验的同时注重结合自身实际，为江苏核电多年来的科学、顺利发展起到了重要的保障和引领作用。

新时期，江苏核电以“一个确保、三个到位、五个思考”目标路线图为顶层蓝图，以“十四五”发展规划、三年行动计划为战略指引，创建卓越核安全文化，提出田湾核电高质量发展策略，坚持安全第一，全力树立全球核能合作典范、打造核安全领域全球标杆。

为了有效学习、借鉴国内外核安全文化发展成果，江苏核电对WANO、IAEA等国际核电行业组织发布的核安全文化相关成果及国内核电行业工作实践进行了调研和学习，结合自身工

▼江苏核电外景

作实际，提炼出核电站核安全文化建设的关键要素，建立并实施了核安全文化“推进—监测—分析与改进”工作模型。该模型创新性地提出了核安全文化推进主要工作方向和各要素之间的关联，为核电行业开展核安全文化建设提出了标准化工作策略和机制。该项目在2021年荣获了“中国核能行业协会核安全文化建设优秀成果奖”。

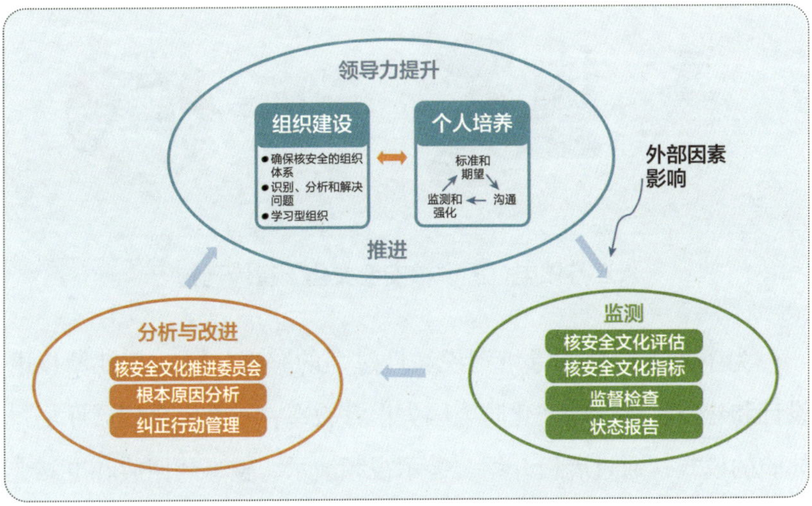

▲江苏核电核安全文化持续改进工作机制

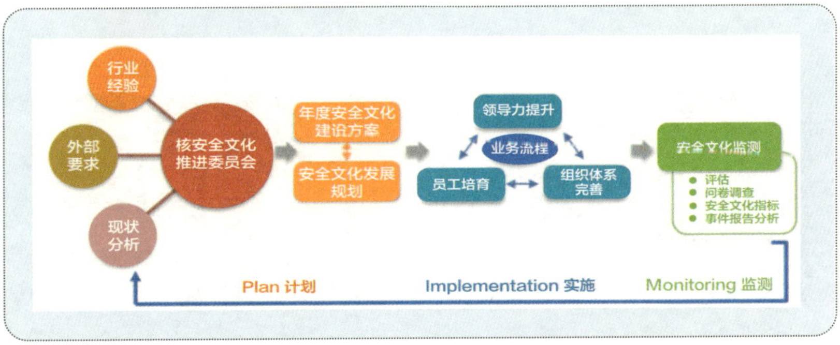

▲江苏核电 PIM 安全文化持续改进机制

江苏核电通过各种文体活动、网站、报刊、专项活动等形式大力开展安全文化主题活动，促进安全文化落地生根，深化员工对安全文化的认同。通过设置不同的争先创优活动展现践行核安全文化理念的典型人物和事迹，发挥其榜样作用，让核安全文化人格化、形象化。

▲江苏核电“图说核安全文化”宣传刊物

为了改善传统课堂培训说教性过强的弊端，2021 年江苏核电设计和建设了核安全文化防人因失误宣教室；宣教室采用展厅场景体验的模式，通过展板介绍、警示视频演示、核事故回放和电站典型人因事件互动演练、签名宣誓等方式，以创新性的体验场景建设，形成了开展核安全文化、防人因失误宣贯教育的又一重要平台。

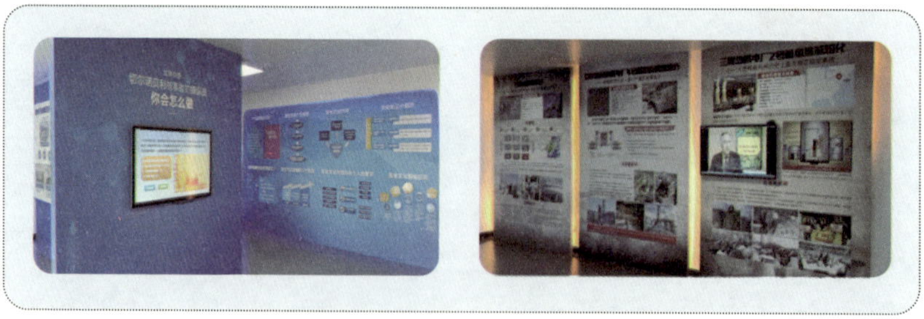

▲江苏核电核安全文化宣教室

为了及时发现核安全文化发展的不利趋势，制定针对性改进措施，2016 年，江苏核电组织成立了核安全文化推进委员会，为公司宣贯、强化核安全文化要求提供了重要平台。2018 年，江苏核电发布了《田湾核电厂核安全文化建设五年发展规划》（2018—2022 年），明确了后续各年度重点工作任务和目标。

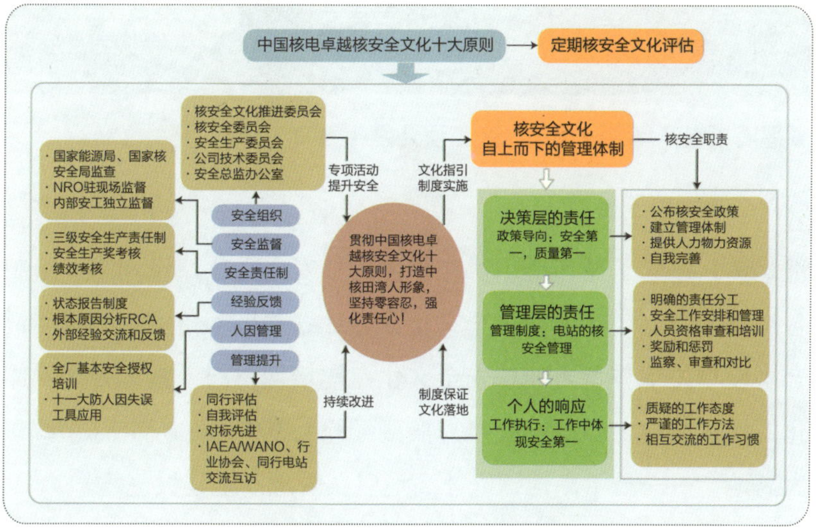

▲江苏核电核安全文化建设模型

福清核电

2012 年，福清核电发布了《核安全文化推进管理》，组建了核安全文化推进委员会，通过年度核安全文化推进计划，组织各处室开展经验反馈、人因管理、震撼教育、责任心提升等系列活动。

2016 年，福清核电提出了“六个一”工作理念和“六同”理念。在这些理念的引领下，福清核电提出了“业主与协作单位一体化核安全文化建设”推进体系，将协作单位纳入公司核安全文化推

▲福清核电“华龙一号”示范工程外景

进范畴，建立了覆盖全厂协作单位的核安全文化建设网络，组织各协作单位制定年度核安全文化推进计划并推动落实，如编制适合协作单位工作特点的核安全文化专题培训材料，组织开展一体化的授权培训、专题活动、良好实践经验共享等，助力福清核电“三大高地”——技术高地、人才高地以及管理高地建设。

福清核电在建设初期就启动了防人因失误及安全技能培训实验室项目。2013 年，福清核电的防人因失误培训实验室、辐射防护技能培训实验室、工业安全消防技能培训实验室以及急救技能培训实验室均完成建设并具备培训条件。这是国内首次将防人因失误培训等实验室应用于在建核电工程。2017 年，福清核电进一步制作了防人因失误培训视频并配备了防人因失误培训专职教员。此外，福清核电还积极开展观察指导、大修人因观察、查找人因失误陷阱等活动，运行、维修、辐射防护等生产处室开展防人因标杆、经验反馈例会等活动。

2016 年，福清核电启动了处级以上管理人员上讲堂活动，

▲福清核电“六个一”工作理念和“六同”理念

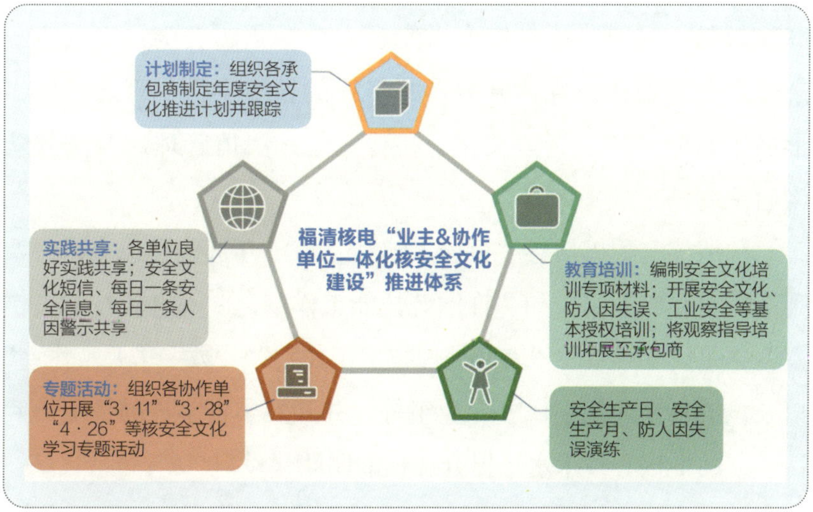

▲福清核电“业主与协作单位一体化核安全文化建设”推进体系

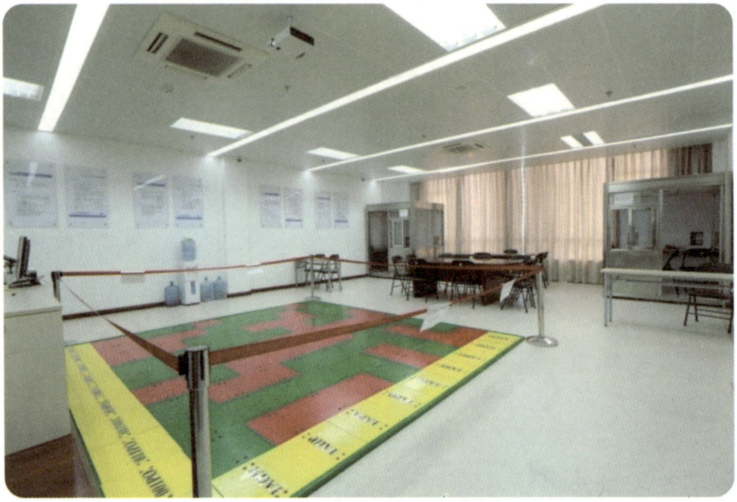

▲福清核电防人因失误实验室

践行“领导做安全的表率”的核安全文化。2017 年，福清核电开发了核安全文化基本授权培训视频，配备了核安全文化培训高级教员。同时，通过安全讲座、安全标语、安全知识竞赛、杂志以及其他信息媒体开展形式多样的核安全文化理念宣传，形成了新闻宣传、企业文化、科普宣传、舆情管理这四条公众沟通主线。

福清核电积极培育“福核工匠”，2016 年起陆续成立了一系列工作室和专业组，如“许国辉技能工作室”“马红星技能工作室”“尤兵工作室”“表面处理技术工作室”“数字华龙工作室”以及核燃料专业组、DCS 专业组等，并开展丰富多样的技能比武活动，助推核心技术水平提升和技能团队建设。

2017 年，福清核电开发了安全隐患排查手持终端，通过信息化工具的使用，提高了安全隐患排查和治理工作的效率和准确性。

▲福清核电开展新员工核工业历史、核安全文化授课

▲福清核电“尤兵工作室”揭牌仪式

2018年，福清核电运行、维修等相关处室陆续举办高度责任心建设提升活动、高度责任心上台阶活动，各处室以“一人把关一处安，众人把关稳如山”“做一个有责任心的人”等为主题进行宣讲活动，促进员工真正理解安全、重视安全。

自2014年起，福清核电组织了“3·11”福岛核事故、“3·28”三哩岛核事故、“4·26”切尔诺贝利核事故等核安全文化专题活动。2018年，福清核电组织收集了行业历史上典型事件案例及核电行业发展大事件，汇编成“历史上的今天”备忘录，分发给电厂各处室人员及协作单位主要管理人员，以促进员工日常工作中对经验反馈信息的学习和了解。2021年福岛核事故十周年之际，福清核电通过播放福岛主题视频、在公司各办公楼摆放福岛主题宣传展板等方式开展警示教育活动；编制福岛核事故学习资料，制作福岛主题每日一条安全信息，开展福岛主题标语和小短文征集等活

▲福清核电“历史上的今天”备忘录

动。此外，公司核安全小组以 WANO《福岛第一核电厂核事故的经验教训》技术报告为标准，对 33 项标准要求实施评价，并开展后续纠正行动，确保经验教训得到有效落实。

2018 年，福清核电多维度开展《核安全法》宣贯，包括专题学习、网页飘窗、制作展板、核安全法知识竞赛、《核安全法》每日一学等。2019 年，福清核电制定了《福建福清核电厂 2019 年核安全专项提升工作方案》《福清核电 2019 年核安全法律法规宣贯专题活动计划》，进一步开展核安全意识以及知识技能提升工作。

2021 年，福清核电公司总经理部成员通过在核职业领导力研讨、管理人员培训、新员工入职培训等不同场合开展管理大讲堂活动，传达公司领导对核安全文化建设的决心和管理期望，进一步强化人员核安全文化意识和核职业素养。

▲ 2021 年福清核电举办第九届核职业领导力研讨班

▲2021 年福清核电党委书记讲授核安全文化主题讲座

福清核电推行“点赞卡”“工程安全之星”等制度，对履职尽责、行为规范、及时发现机组缺陷或成功消除安全隐患的优秀表现利用周例会、微信群点赞宣传，并从中筛选杰出案例进行嘉奖，在全部门营造“积极发现缺陷、守护机组安全”的文化氛围；组织相关处室开展防人因失误竞赛，强化全员安全理念，立足岗位安全生产，切实提升现场工作人员的实践能力和技能水平，减

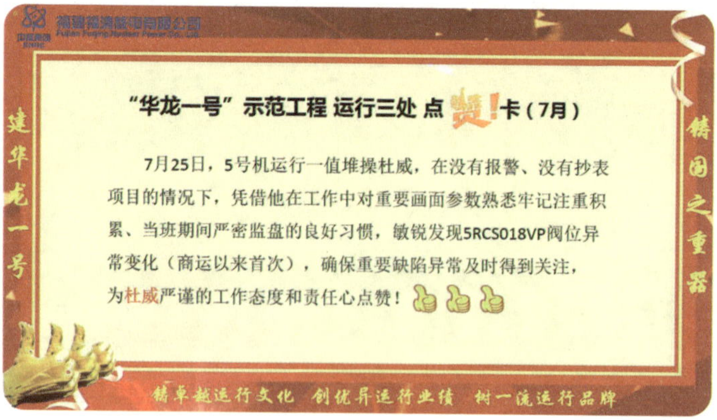

▲福清核电“华龙一号”示范工程点赞卡（2021 年 7 月）

少或杜绝现场工作中的人因失误。

2022 年，福清核电编制了核安全文化宣传专刊，不断强化全员的核安全文化意识。

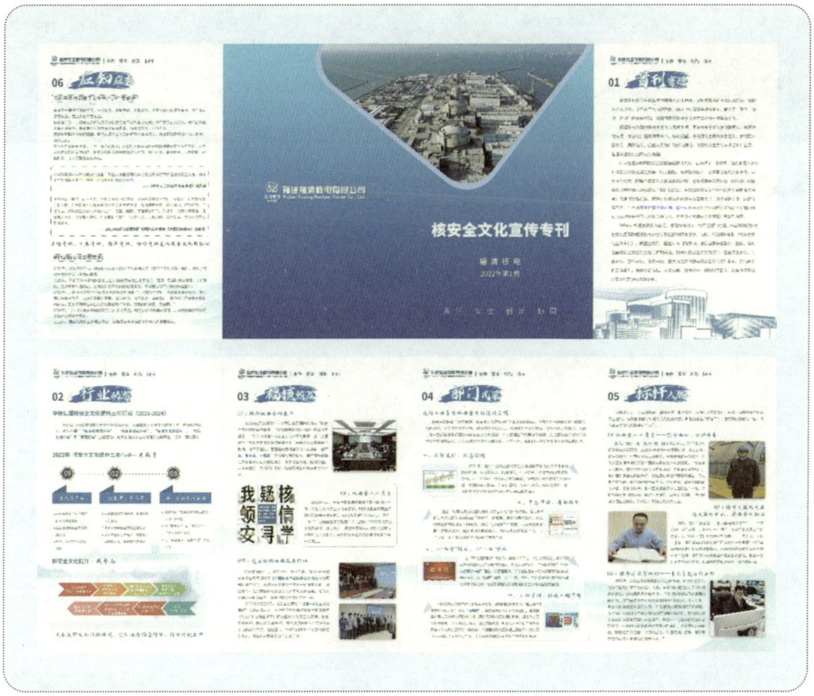

▲福清核电核安全文化宣传专刊

海南核电

坚持党建引领，持续开展“党建 + 核安全文化”主题实践是海南核电核安全文化推进工作的鲜明特色和巨大优势。海南核电公司党委将核安全文化推进工作作为学史力行在业务领域的重要落脚点，严格履行党和国家赋予的政治使命和法律责任，持续开展“安全是中核集团的企业核心价值观”理念宣贯和落地、“领

▲海南核电夜景

导做安全的表率”专题活动，以“坚持高标准”为重点，以核安全文化推进工作室建设为关键阵地，以核安全文化进班组为主要行动，切实持续开展核安全文化提升和人员绩效提升工作，取得了良好的成效。

海南核电成立了由公司党委书记 / 董事长担任主任的核安全文化推进委员会暨人员绩效监督委员会，成员包括公司各处室及主要协作单位，统筹公司核安全文化建设工作。海南核电通过编制发布管理程序、年度工作计划、专项行动方案，实现核安全文化推进工作的精细化管理，保障了各项业务系统化推进。

业内首创，成立我国核行业首个核安全文化推进工作室

2021 年 5 月 25 日，在华南核与辐射安全监督站机关党委和海南核电公司党委的共同指导下，我国核行业首个核安全文化推进专题工作室在海南核电挂牌成立。自成立以来，工作室牢固树立党建引领的旗帜，奠定实践活动的组织基础；完善体系建设，奠定实践活动的理论基础；完成配套设施建设，奠定实践活动的物质基础；完成文化符号设计，奠定实践活动的品牌基础；制定

▲海南核电核安全文化推进工作室揭牌成立仪式

工作室建设规划，奠定实践活动的发展基础。

工作室以“守正创新·狠抓落实·高质量履行新时期核安全文化建设任务”为核心任务，以宣传创新、管理创新、技术创新为工作方向，以“核安全文化进班组”为主要行动，通过推出系列文化产品、组织开展系列活动、推动建立系列管理制度，使核安全文化推进工作接地气、入人心，让“阳春白雪”化作“润物甘霖”。工作室拉紧贯穿安全监管、营运管理、协作单位业务推进等各环节的核安全文化纽带，使工作室成为核安全文化建设工作中思想的加油站、知识的充电站、创意的交流站、资源的共享站、人才的会集站、成果的孵化站，成为海南核电核安全文化推进工作的关键阵地。

作为行业首创，工作室的建设和业务推进为同行业核安全文化水平的整体提升提供了经验和参考案例。中广核集团相关单位在吸收借鉴工作室成功经验的基础上，相继在台山核电、阳江核电、防城港核电等单位成立了姊妹机构。

树立旗帜，压实推进“大使”旗手职责

海南核电对照中国核电卓越核安全文化十大原则的特性，通过竞聘和推选，共聘任公司领导、协作单位领导、运行值长、维修班长等生产运行和工程建设各领域十名先进代表，担任首届“核安全文化推进大使”。“核安全文化推进大使”将开展系列宣传活动，立足本职岗位，结合自己在实际工作中的感悟，通过多种形式积极传播核安全文化，将核安全文化推进工作进一步延伸，形成“一个领域有一个大使、一个大使树一面旗帜、一个大使立一个计划、一个大使产生一份推动力”的良好局面。

▲海南核电“大使解读核安全”宣传材料（局部）

“大使”们在“大使解读核安全”活动中，以图文并茂的形式“掰饽饽说馅”地阐述对各项原则及其属性的分析，把核安全文化讲清、说透。“大使”们还将立足自己的领域开展特色活动，成为本领域核安全文化推进工作的旗手。

深入一线，延展扩建领域核安全文化建设深度

海南昌江核电基地扩建领域存在人员结构复杂、人员流动性大等现实特点，海南核电开展“安全‘核’我有关”专题活动，采取清晰、简明的形式，使扩建工程参建人员感受到领导对安全的重视，认识到核工程的独特性，认同“核安全人人有责”“核安全和我有关”的理念。

海南核电在扩建现场建设了核安全文化推进工作室“玲龙一号”工作站，增设了核安全文化宣传阵地，并张贴有知识、有温度、有共鸣的宣传材料。通过定期组织开展“知识送清凉 · 文化送温暖”“领导进班组”“党员下现场”等活动，为一线工人现场讲授核安全文化知识，传递高标准管理期望。

▲海南核电公司领导为扩建工程参建人员讲解核安全文化

妙趣横生，激发“非暴力沟通”式宣贯效能

“非暴力沟通”是工作室坚持的工作特色。通过采取 H5、海报、短视频等员工喜闻乐见的形式开展核安全文化的宣贯工作，吸引基层员工尤其是年轻员工主动关注、主动学习、主动传播，增强核安全文化理念和安全知识的宣贯效果。

海南核电开展了“防人因失误代言人”专项活动，由各领域先进一线生产、建设人员担任“代言人”，通过参演短视频，以一个个让人啼笑皆非的反面案例，讲解各防人因失误工具的使用方法及注意事项。

海南核电创作微话剧作品《海南“逸”事》，以党史为切入点，以海南解放战争片段为背景，展现了党领导的人民解放军在海南琼崖纵队的配合和海南人民的支持下解放海南的历史篇章。同时在剧中巧妙蕴藏防人因失误知识，让防人因知识生活化，使观演人员深刻意识到人因陷阱无处不在，实现党史学习教育与防人因失误培训的梦幻联动。

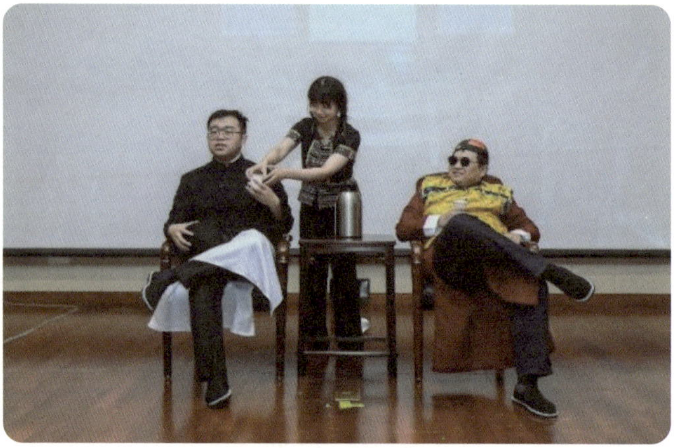

▲海南核电防人因微话剧剧照

海南核电相继推出了主题防疫口罩、小夜灯、便利贴等具有实用性、便携性的主题便民文创作品，使核安全文化宣传品成为年轻员工的“时尚新宠”。

跨界联动，开展“党史＋核安全文化”主题实践活动

2021年12月20日，海南核电举办“学史力行·践行安全使命；

▲海南核电“党史 + 核安全文化”知识竞赛活动现场

狠抓落实·锤炼扎实技能”专题知识竞赛活动。核安全文化推进是在安全生产工作中践行“学史力行”精神的着力点，本次竞赛实现了党史学习教育工作与核安全文化推进工作的联动，展现了工作室党建引领的政治特性，使参与人员进一步认识到核安全文化推进是党和国家赋予核能行业的重要政治使命和法律责任。竞赛活动通过创新的环节设置将严肃的竞赛活动办活、办新、办出彩，让知识鲜活化，让学习趣味化，让参与大众化。

三门核电

三门核电一期工程是我国首个三代核电自主化依托项目，自开工建设以来，三门核电始终将核安全视为事业的生命线、企业的生存线、员工的幸福线。深入贯彻“核安全人人有责、核安全文化全员参与”的文化组织原则，形成“领导带头、全员共建”的核安全文化工作氛围，力求在公司内部培育“追求卓越”的核安全文化。

▲三门核电机组外景

三门核电建立了较为完善的核安全文化推进和管理体系，成立了以公司党委书记担任组长、各部门负责人担任组员的核安全文化推进委员会，并在各部门设置了核安全文化推进协调员，形成了覆盖所有部门的核安全文化推进工作网络。

2015 年三门核电发布了《三门核电有限公司核安全文化建设方案》，规划了公司 2015—2030 年核安全文化工作思路。同年，三门核电发布了《三门核电核安全政策》，确定了公司核安全管理的各项原则和措施。该文件作为三门核电全体工作人员的行动指南，宣告了公司的工作目标，体现了公司决策层对核安全的公开承诺。2015 年，三门核电发布了《核安全文化培育大纲》，对核安全文化工作的具体执行提出了明确要求，并根据工作实际情况不断完善和优化。

三门核电建立总经理部讲核安全文化课、安全生产公开课，各部门负责人结合部门内部核安全文化良好实践经验和偏差，在部门内部讲核安全文化课的机制，形成决策层带头、管理层辐射、

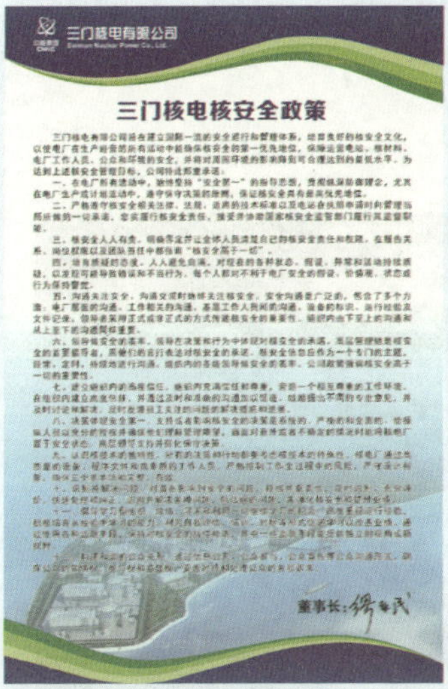
三门核电有限公司
Sanmen Nuclear Power Co., Ltd.

三门核电核安全政策

董事长：缪亚民

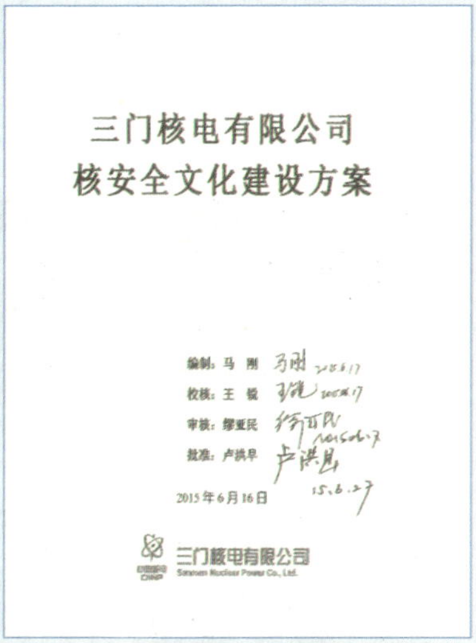
三门核电有限公司
核安全文化建设方案

编制：马刚
校核：王锐
审核：缪亚民
批准：卢洪早
2015年6月16日

三门核电有限公司
Sanmen Nuclear Power Co., Ltd.

▲《三门核电核安全政策》▲《三门核电有限公司核安全文化建设方案》

执行层践行核安全文化理念的氛围。三门核电长期承包商项目经理每月讲安全课，接口部门处级领导参加，公司领导观摩指导，持续强化承包商人员的安全文化意识。

▲三门核电总经理讲核安全文化课

三门核电定期开展核安全文化知识竞赛活动，以比促学，让公司员工在紧张、激烈、活泼的氛围中，进一步根植核安全文化理念。

▲三门核电核安全文化知识竞赛

三门核电通过每周安全关注学习、宣传展板、专刊、微信公众号动画视频等形式对核安全文化原则进行科普和宣传，推动核安全文化的理念入脑入心。为了营造主动积极的核安全文化氛围，

▲三门核电核安全文化动画视频

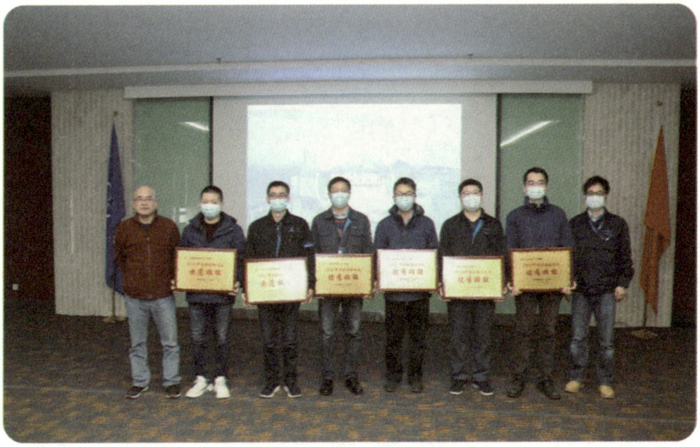

▲三门核电核安全文化示范班组

三门核电近年还开展了核安全文化示范班组评比、核安全文化正面案例及先进人物宣传等工作。

2014年，三门核电建立了人员绩效管理制度和人员绩效工具培训实验室，系统地开展人员绩效提升工作。三门核电建立了纠正行动大纲，实行低门槛的报告制度，鼓励员工报告问题，并通过状态报告日会、周会、月会，及时公布问题解决进展。

三门核电高度重视《核安全法》的宣贯和执行工作，如邀请法制专家进行核安全法专题讲座，组织电厂管理层宣贯《核安全法》，通过内网主页、三门核电报刊和微信公众号等形式开展《核安全法》宣传等。

2018年，三门核电建立了领导带班制度，每周（包括节假日）由公司领导带队，主要生产部门处级带班领导参加，对现场实施全覆盖安全巡查，加强风险管控，落实高风险工作的安全防范措施，及时推动现场问题的快速、高效处理。

三门核电开展了处级管理层和安全专工对点联系活动，涉及四十多个班组和近四十家承包商单位，通过参加承包商相关会议、活动交流安全管理经验，促进承包商人员提升职业素养。

自 2019 年开始，三门核电持续开展规程质量执行质量提升活动，通过专项监督检查和日常监督检查、每周管理制度培训和宣贯等方式，强化全体员工对规章制度的敬畏感。另外，三门核电还通过组织各主要生产部门签署人员绩效承诺书、开展遵守人员行为规范宣誓等活动强化各级人员遵守程序的责任意识。

2021 年 4 月，三门核电成立人员绩效工作室，着眼于实现高水准的人员绩效，集中优势资源，立足于解决公司在人员绩效管理和技术方面的重点问题，形成具有实效性和专业技术特点的人员绩效管理体系。工作室从人员绩效管理提升和优化、标准和规范制定等方面制定了多项措施，积极推动公司日常和大修人员绩效水平稳步向前。

2021 年，三门核电成立了由处级领导担任组长的八个核安全文化小组，针对安全文化问卷调查、核安全文化外部评估和公司内部开展的核安全文化监测等工作发现的公司在核安全文化待改进方面进行专项提升，针对鼓励 / 激励 / 沟通、有效指导和反馈、实现可持续业绩、具有高质量的程序、不确定时暂停、工作全过程的风险控制、坚持高标准、确保设备可靠性等方面制定专项计划，将核安全文化推进融入业务工作的开展，专题开展核安全文化弱项的提升工作。

2021 年，三门核电在主动学习吸收行业核安全文化持续监测的相关良好实践经验的基础上，制定了核安全文化自评价方案，开展核安全文化监测评价工作。从主动管理的角度出发，通过利用电站各类信息，基于中国核电核安全文化十大原则和属性，深度聚焦、识别核安全文化的薄弱环节，促进核安全文化水平的持续提升。

2022年，三门核电深入开展领导力提升工作，要求部门“一把手”执行“周巡视”“月期望”。生产领域部门负责人必须开展周巡视并发现存在的问题，每个月必须提出管理期望。把工作中的问题挖出来、写出来，问题上墙，措施上墙，晒一晒短板，提一提期望，有的放矢地去解决一些实际问题，持续提升各专业领域业绩。

其他单位

在中国核电一体化推进核安全文化工作中，包括在建核电厂、科研院所在内的其他成员单位也不断推进核安全文化建设，并结合自身实际开展了各具特色的工作。

中核武汉秉持“精、诚、人、合”的价值观，重视核安全文化建设工作。公司发布了《核安全文化建设工作计划》，建立了核安全文化系统性推进的长效机制，明确了核安全文化推进的组织机构、职责和目标。公司编制了《核安全文化手册》，并印刷成册向全体员工发放。同时，公司开展了一系列核安全文化培训和教育活

▲中核武汉《核安全文化手册》

动，利用多种媒介和形式例如展板、办公系统专栏、电视影像和知识竞赛等宣传核安全文化知识和观念，以增强员工对核安全文化的理解。2017 年，公司邀请外部专家开展了核安全文化自评估活动，全面、深入地分析了公司核安全文化建设现状。为进一步促进管理水平提升，公司与江苏核电在安全管理、经验反馈以及核安全文化等领域进行了对标。公司积极开展公众沟通工作，设计了图文并茂、通俗易懂的核与辐射科普知识宣传手册并向周边公众发放和讲解。

▲中核武汉评估中心核安全文化实验室首次承担培训项目

辽宁核电高度重视核安全文化建设和培育工作，成立了公司核安全文化推进委员会，制定了《年度核安全文化推进工作计划》，统筹推进核安全文化建设和培育工作。公司举办系列核安全文化培训学习活动，包括公司主要负责人讲授新年安全生产第一课、党委中心组开展核安全文化学习、公司领导讲授安全生产公开课、邀请核与辐射安全中心专家开展核安全文化培训等，确保全员核安全文化意识内化于心、外化于行。积极创新核安全文化宣传方式，通过开展“4 · 15”全面国家安全教育日活动、观看福岛核安全文化教育视频、发布公司核安全政策、进行防人因失误技能比武、举办核安全文化竞赛等，形成良好的核安全文化学习氛围。主动与核行业协会、上级单位开展交流工作，通过接受中国核电核安全文化问卷调查、中国核电安全总监巡查、工程建设阶段专项评估、中国核能行业协会工程建设沙盘推演等活动，梳理公司各领域工作短板与薄弱问题，全面提升公司核安全文化建设水平。公司积极开展防人因失误工作，规避项目建设过程中的人因失误，规范公司员工工作习惯和行为意识。2021 年，公司建立了通用防人因失误实验室和通用防人因失误培训体系，开展了通用防人因失误技能竞赛和通用防人因失误技能培训。2022 年，公司开展工程现场参建单位班组长防人因失误知识培训，强化一线班组长防人因技能和经验。

▲辽宁核电新年安全生产第一课

▲辽宁核电“葫芦宝宝讲核安全”系列微信推送

▲辽宁核电防人因失误技能培训

霞浦核电充分利用大业主管理模式的工程特点，以示范快堆党建联建机制为抓手，建立与参建单位一体化的核安全文化建设体系。制定了《核安全文化提升三年行动方案（2022—2024 年）》和《年度核安全文化推进工作计划》，将各参建单位一并纳入，共同培育示范快堆整体核安全文化。公司领导带头讲授核安全文化课，做安全表率；将核安全文化纳入基本安全授权培训课程，定期组织全员开展核安全文化培训；积极探索“党建＋安全”新模式，持续开展党员联系班组活动，共与现场 777 个班组开展结对活动，及时把安全文化、安全法律、安全科技等知识送到基层班组第一线，“带思想、带行为、带技能”深入工程现场。组织开展“核安全文化进处室”活动，根据不同处室业务特点对核安全文化要素进行宣贯，强化“人人都是最后一道安全屏障”的文化理念，进一步强化全员核安全文化意识。同时通过公司网站宣传、张贴海报等形式对核安全文化进行可视化宣传，推进核安全

▲霞浦核电核安全文化评估启动会

文化入脑入心入行。

霞浦核电开展防人因失误培训，覆盖公司生产处室和现场承包商。张贴安全政策声明，编制《安全文化手册》，设计防人因失误工具使用标准卡片，向安全生产处室及各参建单位进行了发放；印制防人因宣传海报，邀请外部人因领域专家开展防人因失误工具使用专题培训，在公司和现场参建单位推广防人因失误工具的标准使用方法，减少施工和操作中的人因失误，避免人因失误导致的事故事件。霞浦核电以解决工程现场难题为聚焦点，深入开展观

▲霞浦核电《安全文化手册》

▲霞浦核电开展防人因失误培训

察指导活动，充分落实“领导下现场”机制，组织公司副处级及以上干部、运行值长开展安全环保巡查和观察指导活动，制定观察指导计划，主要关注对工程现场难题和重大专项工作的观察指导和巡查，切实发现并解决工程现场以及各领域管理上的难题。

漳州能源依据《核安全法》关于核安全文化体系建设总要求，坚持“安全第一”根本方针，全面贯彻落实核安全两个“零容忍”要求，建立“业主引领、各方参与”的核安全文化一体化推进机制，构建项目 BETTER 核安全文化融合管理体系，强化“责任传导、上下联动、一体推进”，有序推进项目核安全文化“制度兼容、流程对接、管理协同”，实现核安全文化“联建共育、同频共振、整体提升”目标。坚持“党建引领、安全至上、风险导向、质量核心”核安全文化建设总方针，建立工程总包、施工单位、监理单位、重要设备制造厂参与的核安全文化推进委员会、建安和设备采购分委会，成立核安全文化推进专项工作组，为核安全文化建设提供制度和资源保障。建立管理期望，明确核安全文化建设管理目标，建立决策层、管理层、执行层践行核安全文化的期望，始终坚持高标准。聚焦人员行为，坚持以人为本，建立员工标准行为准则、规范，提升人的本质安全水平。聚焦电厂绩效，以问题为导向建立核安全文化状态监测指标，实施电厂核安全文化水平可视化监测。定期评价与评估，通过对人员行为表现和安全绩效进行评价，开展核安全文化评估，识别管理薄弱环节，推动核安全文化管理体系持续改进。

第六篇

持续改进：
追求卓越　超越自我

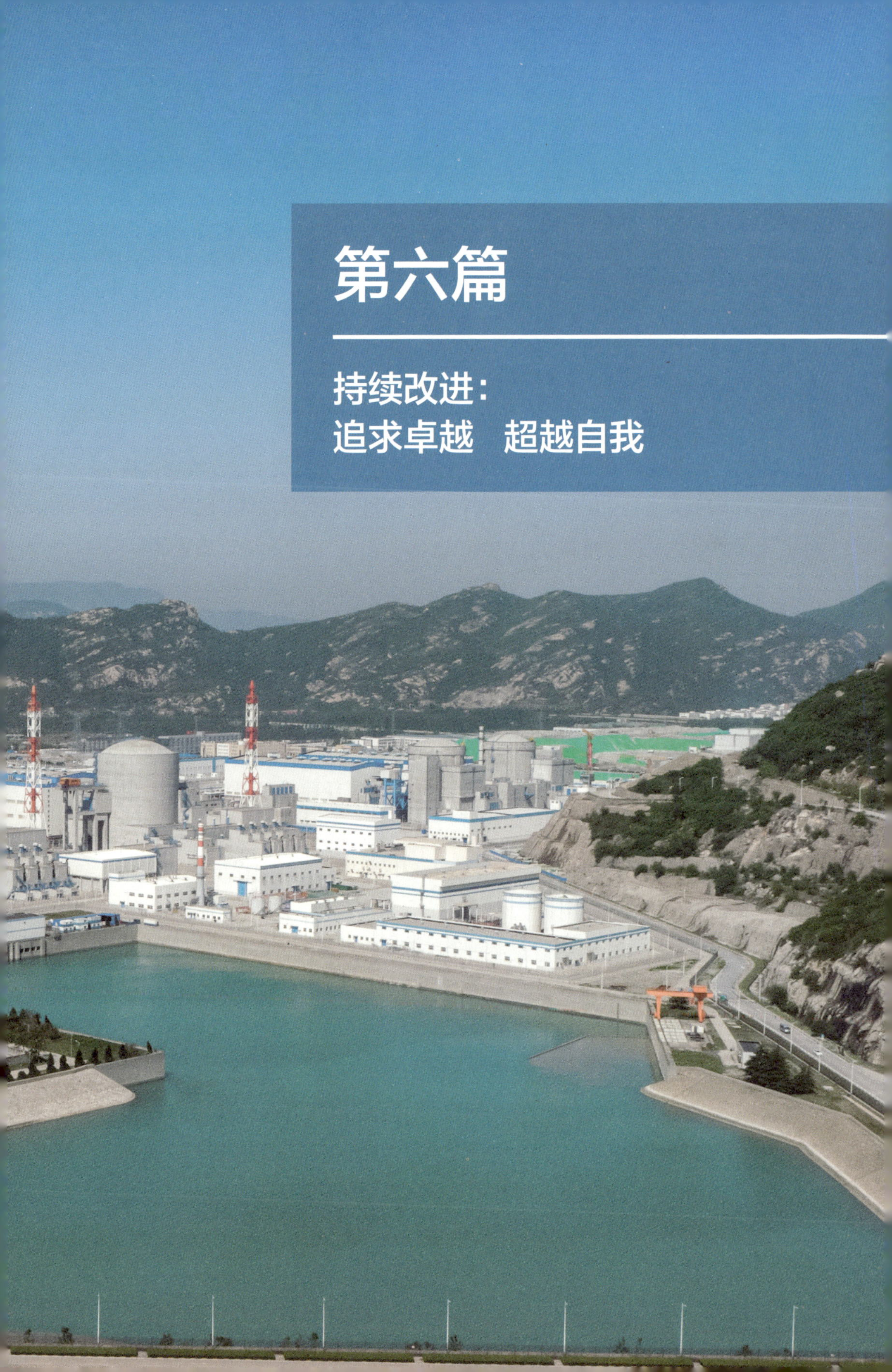

改进成效

安全是核工业的生命线、企业的生存线、员工的幸福线，核安全文化是中国核电企业文化的灵魂和内核，从成就“国之光荣”到铸就“国之重器”，中国核电始终坚持“安全第一、质量第一”的根本方针。

中国核电坚持文化引领导向，依托群厂管理思路，采取了多项管理举措整体提升各成员单位安全业绩。如：强化安全生产责任分区、危险源、安全环保敏感SSCs、安全环保隐患分类分级管控工作，深入推进安全环保敏感设备的预防性维修体系进一步完善；持续优化挂牌督办机制、经验反馈机制，推动安全生产重要问题的共性解决；深入推进工程建设一体化进度计划、项目TOP10风险管理等精细化管理工作，确保工程项目高质量建设。

中国核电基于核安全文化评价工作中识别的共性问题，采取了一系列管理水平提升行动。如：针对专业技术人员反映的职业发展通道问题，中国核电制定了“五通道”一体化职位体系，落实了岗位标准化，完善了技术线的发展通道；针对部分管理人员主动推进核安全文化的意识不足的问题，中国核电将管理层开展核安全文化授课作为一项管理要求，部分电厂已将核安全文化推进绩效纳入干部晋升考核要素。核安全文化的评价、问题分析与改进，已成为中国核电持续提升安全管理水平的一项长效机制。

正是得益于对核安全文化的发自内心的认同和孜孜不倦的践行，截至 2022 年 12 月，中国核电迎来了累计安全发电超过 1.35 万亿度、安全运行超过 220 堆年、我国大陆第一座核电站——秦山核电安全发电 31 周年并已获得运行许可证延续 20 年的里程碑节点。2021 年底，中国核电共 19 台机组，WANO 综合指数满分，满分机组数量和比例位居世界第一。同时，中国核电先后荣获中国电力企业联合会颁发的“全国电力行业企业文化成果一等奖”、中国企业文化研究会颁发的“‘十二五’企业文化建设管理文化标杆单位”、国家能源局颁发的“全国电力安全文化建设优秀创新成果”、应急管理部颁发的“第二届企业安全文化最佳实践十大案例”。中国核电核安全文化项目“构建并实施核安全文化提升模型，持续推进企业核安全文化水平”荣获“国防科技工业企业管理创新成果三等奖”。中国核电核安全文化特色实践目前已在行业中得到好评和认可，并获得广泛应用。

面临挑战

中国核电经过多年的核安全文化建设提升实践，取得了一定成效，但在后续推进和发展中仍然面临一些挑战。如：随着核能产业的积极安全有序发展目标的明确，对核领域有经验的承包商 / 供应商的人力资源需求日益增加，越来越多的非核领域的承包商 / 供应商参与到核电厂的建设和运行中。这些单位及其从业人员的基础和经验不同，尤其是一线工作人员对核安全文化的认识和实践存在较大的差异，给中国核电构建高水平的核安全文化带来了冲击和挑战。

展望未来

核安全的极端重要性和独特性，要求每一位核工业从业者都要将自己的工作态度和思维习惯以及核行业所要求的严慎细实的工作作风紧密地联系在一起，使每一名员工都责无旁贷地成为卓越核安全文化品牌的建设者、引领者和传播者。

天道无亲，恒与善人。面对核能事业全周期全过程全系统的安全挑战，中国核电继续遵循“理性、协调、并进”核安全观的指引，保持高度敏锐清醒的法治意识、忧患意识、自律意识、协作意识，强化“我是中核人、我是中国核电人”的职业身份认同，在日常工作中始终做到敬畏核安全、守护核安全，争做卓越核安全文化的忠实践行者和模范引领者。

中国核电人将继续秉承中华优秀传统文化，加强核安全文化理论研究，全面贯彻落实新时代中核集团企业文化理念体系建设要求，全面推动核安全文化建设工作，做到居安思危、知行合一，不断提升我国核能事业的本质安全水平，为建设全人类核安全命运共同体贡献中核智慧和中国核电力量，为“强核强国、造福人类”神圣使命的实现做出新的更大贡献！

附录一　大事记

1989 年／秦山核电厂首次接受 IAEA 运行前安全评审，在此次评审过程中，秦山核电厂广泛接触到核安全文化管理理念。

1997 年／秦山核电厂首次接受 IAEA 运行安全评审，针对评审团建议，秦山核电厂认真分析原因并制定了一系列的纠正行动计划，推动了秦山核电厂核安全文化的建设工作。

2000 年／秦山核电厂提出了第一个五年规划，将核安全文化正式作为安全管理的重要组成部分，并对《运行质量保证大纲》进行了升版，增加了“运行经验反馈”和“持续改进”两项新内容，进一步加强了安全管理。

2004 年／田湾核电厂接受 IAEA 运行前安全评审，吸收了国际同行的最新核安全文化理念和实践，结合电厂实际开展了核安全文化建设工作，并开展核安全文化全员培训。

2005 年／秦山第三核电厂管理层撰写了核安全文化专著《核电企业的灵魂》，从核电企业核安全文化、制度建设、环境建设和人本管理等方面入手，对核安全文化进行了深入分析和有益探讨。

2006年／田湾核电厂接受WANO同行评估，针对评估队提出的组织管理及核安全文化方面的改进建议，开始广泛宣贯、推广核安全文化。

2009年／中国核电组织开发了《防人因失误工具》手册，发布了11个标准化防人因失误工具并推广应用。

2010年／田湾核电厂提出以“总经理部八个期望”为核心的核安全文化建设理念，通过系列宣贯、培育活动促进员工树立正确的核安全文化意识，养成良好行为习惯。

2010年／中国核电举办了IAEA安全文化评估研讨班，邀请了IAEA专家团交流安全文化理念与实践。

2010年／中国核电举办了WANO安全文化自我评估和改进研讨班，邀请了INPO、JANTI以及中国台湾电力公司的专家交流核安全文化。

2010年／中国核电成立了核安全文化推进工作组，组织召开了核安全文化评估体系建设工作启动会，制定了中国核电整体推动核安全文化建设的工作计划。

2010年／借鉴WANO核安全文化标准，中国核电发布了《卓越核安全文化的八大原则》，这是中国核电首次正式发布核安全文化标准。

2010年／中国核电正式发布了《中核核电核安全文化评估体系》，为后续开展核安全文化评价工作搭建了基石。

2011 年／中国核电派 3 名专家赴美国学习核安全文化评估方法，正式将核安全文化评估方法引入国内。

2011 年／中国核电组织对秦山核电厂开展了国内首次核安全文化评估活动。

2012 年／中国核电首次发布《中国核电企业文化手册》，提炼形成了以“追求卓越、挑战自我”为核心的企业文化理念体系，并提出“安全是事业的生命线、是企业的生存线、是员工的幸福线”的安全理念。

2012 年／中国核电发布了标准化的核安全文化培训教材《核电厂安全文化》。

2015 年／国家核安全局、国家能源局和国家国防科工局联合发布《核安全文化政策声明》。中国核电经验反馈信息平台正式上线，实现了中国核电运行核电厂经验反馈信息的共享。

2015 年／中国核电升版形成以“追求卓越、超越自我”为核心理念的卓越文化体系。中国核电发布了具有中国核电特色的核安全文化标准《中国核电卓越核安全文化的十大原则》，并结合中华优秀传统文化设计了便于理解的宣传海报。

2015 年／中国核电发布了《核电厂观察指导手册》，明确了各业务领域的观察指导标准。

2016 年／习近平总书记做出重大论断：“法治意识、忧患意识、自律意识、协作意识是核安全文化的核心，要贯穿到每位从业人员的思想和行动中，使他们知其职、尽其责。”秦山核电提炼出“做一名有高度责任心的核电工作者”的核安全文化价值理念，以这句简洁明了、便于核电工作者认识和理解的话作为核安全文化价值引领。

2016 年／中国核电发布了国内核行业首部公众沟通白皮书《中国核电公众沟通白皮书》，开启了互联网时代的公众沟通 B2C 模式。

2017 年／国家发展改革委、国家能源局、环境保护部、国家国防科工局将 2017 年定为“核电安全管理提升年”，并将核安全文化建设作为一个重点关注领域。在此背景下，中国核电对旗下所有成员单位的核安全文化建设工作进行了全面的检查。

2018 年／中国核电正式发布了核电设备可靠性管理系统（ERDB），进一步完善了设备可靠性管理工作。

2018 年／《核安全法》正式颁布实施，中国核电组织全员开展《核安全法》的学习、培训活动，并推动落实《核安全法》中对核安全文化建设的要求。

2019 年／中国核电全面贯彻落实新时代中核集团企业文化理念体系和企业文化建设要求，结合公司实际发布了新时代中国核电卓越文化体系，明确公司的核心价值观是“责任、安全、创新、协同”，并编制《中国核电核安全文化建设历程》（内部发行版）。

2020 年／中国核电组织编制印刷了《习近平总书记关于安全生产的重要论述摘编》，并组织全体员工学习。

2021 年／为吸取福岛事故教训，总结 2011 年以来核设施安全管理改进与提升的经验，推进核安全文化建设，3 月 11 日，中核集团联合中国核电组织召开了核安全文化座谈交流会，进一步树立“安全第一”“核安全至上”的核安全意识，深化对核安全特殊性的认识，提升对核安全的敬畏感和维护核安全的使命感。中国核电开发了“福岛核事故十周年警示教育”视频，组织全员重新学习福岛核事故的经过，深刻体会核安全的重要性。

2021 年／中国核电升版《中国核电卓越文化体系》，明确“强核报国 创新奉献”的新时代核工业精神是公司的企业精神的重要组成部分，并将“充分准备、一丝不苟、万无一失、一次成功”作为工作理念，强化了“我是中核人、我是中国核电人”的职业身份认同和团队意识。

2021 年／中核集团发布首份集团公司层面的核安全提升三年行动方案，并提出以“863”基本动作为要领的核安全文化建设和管理期望。

2022 年／中国核电发布了升版《中国核电卓越核安全文化十大原则（2022 版）》，凝聚优秀中华文化，体现中国核电核安全文化实践智慧；公开发行《中国核电核安全文化建设历程》（2022 年版）。

附录二　中国核电：争做全球核能事业高质量发展的引领者[①]

——专访中核集团总经理助理，中国核电党委书记、董事长卢铁忠

从 1991 年 12 月 15 日中国大陆第一座核电站——秦山核电站并网发电算起，中国核电已走过了 30 个年头。一路走来，中国核电人收获了哪些荣耀、遭受了哪些挑战？“双碳”背景下，中国核电事业发展正面临哪些新的机遇和风险？未来如何更好地实现高质量发展，服务好国家战略、造福人类？围绕上述问题，《国资报告》记者对中核集团总经理助理，中国核能电力股份有限公司（以下简称“中国核电”）党委书记、董事长卢铁忠进行独家深度专访，探寻相关问题的答案。

起步：体现国家意志，代表国家利益

《国资报告》：秦山核电是中国大陆核电的发源地，被誉为“国之光荣”。30 年前，我国为什么要发展核电？老一代中国核电人是在怎样的条件下从零起步，建设秦山核电站的？

卢铁忠：核工业是高科技战略产业，是国家安全的重要基石。核电是核工业产业链皇冠上的明珠，从起步阶段就得到了党和国家领导人极大关注，体现了国家意志，代表着国家利益。

---

①原文刊载于《国资报告》杂志 2022 年第 1 期。

我国核工业发轫于1955年1月15日，以毛泽东主席主持召开的决定发展原子能事业的中央书记处书记会议为标志，经过以“两弹”元勋为代表的老一辈科学家的接续奋斗，取得了“两弹一艇”的伟大成就，形成了“两弹一星”精神和“四个一切”核工业精神。1970年，周恩来总理在听取上海缺电情况汇报时专门指出，“解决上海和华东地区的用电问题，要靠核电……二机部不能光是爆炸部，要和平利用核能，搞核电站”。

1982年12月30日，在第五届全国人大第五次会议上，我国郑重宣布了建设秦山核电站的决定。1985年3月20日，秦山核电站浇灌第一罐混凝土。在党中央的坚强领导下，我们充分发挥全国“一盘棋”、集中力量办大事的制度优势，共有18个部委、100多个科研单位、600多个制造厂家、10多个施工单位等协同参与秦山核电站的建设。1991年12月15日，实现了首次并网发电，实现了中国大陆核电“零的突破”，使我国成为世界上第七个掌握了自行设计、自行建造核电站技术的国家。

通过秦山站的建设，我国真正掌握了核电技术，培养了核电人才，建立了系统的核安全文化体系和质量保证体系。至今，秦山核电站累计输出了2500余名骨干、近100名核电企业高管。可以说凡是国内有核电站的地方，就会有中核集团秦山核电基地输出的管理、技术和人才。

30年后，秦山核电站依然“体魄”强健、运行良好。在国家核安全局同意延续运行许可证基础上，2021年11月5日，国家能源局浙江能源监管办完成对秦山核电厂1号机组延续运行电力业务许可证的审核和办理，有效期延长至2041年12月15日，机组容量变更为350MW，再次开创我国核电技术发展的先河。

成长：核安全文化为灵魂 追求卓越为永恒的目标

《国资报告》：安全是核工业的生命线。您如何评价中国核电乃至中国整个核电产业的安全水平？您认为秦山核电站安全运行30年的根本原因是什么？

卢铁忠：30多年来，我国核电站运行水平实现从跟跑、并跑到领跑的跨越，从未发生过国际核与放射事件分级表（INES）二级及以上的事件或事故。2020年，全球约440台核电机组，其中满分机组80多台，而我国近50台机组中共有28台机组达到了满分，约占世界满分机组的1/3。2021年，中国核电满足核算条件的22台机组中，预计有19台机组WANO综合指数满分，满分机组数和满分比例数都排世界第一，继续保持领先水平。

我认为，安全不仅靠管理、制度、技术，更要靠文化的培育和引领。

回顾中国核电三十多年的发展历程，中国核电一直视核安全文化为灵魂，将追求卓越当作永恒的目标。我们始终铭记“安全是核工业的生命线”，将确保安全作为工作的头等大事，贯彻“理性、协调、并进”的核安全观；树立法治意识、忧患意识、自律意识、协作意识，坚持高水准的安全文化理念，持之以恒、久久为功。

另外，我们建立了以确保安全为核心的运行制度体系。明确领导要做安全生产的表率，政策决策、组织搭建、资源配备以安全运行为首要目标。建立以值长为中心的核电厂安全生产指挥体系，让听得到“炮声”的人对核安全事项拥有充分的决策权。在遭遇核安全风险挑战时，当班值长有权直接下令停机停堆，无须请示公司领导层。我们推行安全总监巡查、经验反馈等制度，开发使用设备可靠性管理、防人因失误等系统工具，生产中秉持保守决策，严守安全边际。

《国资报告》：中国核电产业采取了“两条腿走路”的发展方式，一方面坚持自力更生，建设了秦山核电站；另一方面坚持技术引进消化吸收再创新，建设了大亚湾等核电站。您认为，这两条技术路线在实际发展中是如何互相促进的？未来中国核电产业壮大，如何从改革、创新中汲取力量？

卢铁忠：核电是世界性的事业，所有核工业者都是息息相关的核安全命运共同体。核电界已形成开放透明、经验反馈的学习型组织氛围。对于中国核电而言，自主创新和引进吸收一直并行不悖、齐头并进、相得益彰。

我国拥有自主知识产权的三代核电技术品牌“华龙一号”，就是在秦山核电站 30 万千瓦机组技术体系基础上，吸收了美国 AP1000 的非能动的设计概念和俄罗斯 VVER 的双层安全壳的安全布置，并在采集众家之长的基础上有所突破和创新，开发出了独特的 177 堆芯设计，进而达到了国际最高安全标准。

改革是激发人活力的必由之路。我深信，改革是有风险的，但不改革风险更大。2021 年国企改革三年行动落实落地的考核要求为完成目标任务的 70%，我们现已完成 91.1%，超额完成既定任务。未来，我们将进一步规范公司治理，用好改革政策工具包，更好地落实市场化经营方式，优化投资管理和经营管理模式，重视市值管理，积极孵化新平台，点燃员工心中的那团“火”，实现企业发展和员工利益正相关，让富有成效的管理者和优秀员工不断涌现、与公司共成长。

在技术创新方面，目前我国正在建设具有第四代先进核能系统特征的高温气冷堆和第四代堆中的快堆。未来，中国核电将坚持“小核心、大协作”的模式，进一步加强与诸如清华大学等科研机构的合作，改进和推广高温气冷堆技术、快堆技术等新一代反应堆技术。

《国资报告》：习近平总书记指出，战略人才是支撑我国高水平科技自立自强的重要力量，要把建设战略人才力量作为重中之重来抓。在您看来，与国际巨头相比，中国核电的人才队伍建设处于怎样的水平，有哪些可以进一步提升的空间？

卢铁忠：人才是第一资源。目前，中国核电拥有员工 16000 人，其中操纵员 600 余人，高级操纵员 700 余人，员工平均年龄 34 岁。通过项目合作、柔性双聘等方式聘用了多名院士参与公司科技研发活动。对标国际一流核能公司，中国核电在高层次科技人才培养开发方面还将持续发力。

未来，我们将充分发挥党建的引领和保障作用，用事业吸引人才，用机制激励人，用精神鼓舞人，要加强思想政治教育，发挥党支部战斗堡垒作用和党员先锋模范作用，通过创建党员责任区、成立党员突击队和建立彭士禄科技创新示范区、“人才特区”等措施更快地培养人才、聚集人才，充分发挥党员干部的带头作用，更好践行“对党忠诚、积极工作”的铮铮誓言，赓续国资央企的“红色基因”。通过市场化、契约化管理机制的落实，激发人才队伍的活力，建立依托重大工程、重大科研攻关项目“多出人才、快出人才”的机制。加强现有干部队伍的培训和组织发展工作，建设一支与公司市场化、国际化发展战略要求相适应的高素质专业化干部队伍。

《国资报告》：中国核电是中国核科技的开拓者，也是我国核电“走出去”的先行者。在中国核电“走出去”的历程中，遇到了怎样的挑战？有哪些值得分享的宝贵经验？

卢铁忠：1991 年 12 月 31 日，中巴两国在北京签订了以秦山核电站为参考、合作建设巴基斯坦恰希玛核电站的协议。恰希玛项目是我国自行设计、建造的第一座出口商用核电站，是当时我国最大的高科技成套出口项目。以此为标志，中国核电同步开展了核电技术配套服务“走出去”工程并取得了丰硕成果。

除了技术服务“走出去”，中国核电在国际组织层面的交流和“走出去”也在持续进行。公司与国内外机构开展广泛的交流合作，每年向国际原子能机构（IAEA）、世界核电运营者协会（WANO）支援数十名经验丰富的专家，为各国核电运行、建造领域经验共享与技术、管理能力的提升做出了积极贡献。

通过技术服务“走出去”和人才“走出去”，中国核电人开阔了视野，也积极吸收借鉴了全球不同国家核电同行的先进经验；尤为可贵的是，通过多样性的技术创新和集约型经验分享的有机融合，中国核电形成了相对于同行更强的驾驭不同堆型复杂性的独特创新能力，最终实现核电运营水平从跟跑、并跑到领跑的跨越。

未来：核能助力“双碳”目标 清洁赋能美好生活

《国资报告》：核电是重要的清洁能源。能源保供以来，更多人对能源安全与绿色发展之间的辩证关系进行了深入思考。30 年来，中国核电在减少碳排放方面做出了怎样的贡献？在您看来，未来核电产业的发展前景如何？面临哪些具体的挑战？

卢铁忠：核电是一种高质量、高密度、零排放的清洁能源。1 千克铀 235 核裂变释放的能量大约相当于 2700 吨标准煤，而且不排放二氧化碳。核电全产业链温室气体排放水平与水电、风电相当，仅是太阳能光伏发电的1/5，比煤电约低两个数量级。过去30多年里，中国核电累计贡献清洁核能超过1.2万亿度，等效减排二氧化碳8.99亿吨，相当于种植超过288万公顷的绿色森林。

在碳达峰、碳中和的背景下，核能将作为基荷电源更好地发挥与间歇性、波动大的风电、光伏等的协同效应，更好地保障国家的能源安全和清洁低碳发展的需要。除核能发电外，核能的供热、制氢、供汽、海水淡化、同位素生产等新功能将更好地造福人民。

我认为，核能应用的最大挑战就是核能的安全性以及公众对于核能安全性的正确认知。我国核能产业的发展水平已经站在了世界第一方阵，再往前将是一片“无人区”。如何在“无人区”探索前行，更好地引领全球核能事业的发展，我们既有压力，更有决心和信心。我们将保持追求第一、超越自我的斗志，加快形成具有中国特色的核电站先进安全运行指标体系和安全文化指标系统，将其推向全球，走向世界，推动核能事业朝着更加先进、更加可靠、更加经济、更加放心的美好前景演进；增强“你对核电的疑问，就是我们的责任”的自觉，更好践行以透明、公开、平等、广泛、便利为原则的“3C”（Confidence，信心；Connection，联结；Coordination，协同）沟通理念，持续夯实赢得公众理解和支持核能事业的社会基础。

《国资报告》：据了解，未来中国核电将在现有秦山核电基础上再造一个“新秦山”。请问，“十四五”期间，中国核电未来的发展规划是怎样的？

卢铁忠：公司将坚持“安全第一，质量第一，回报股东，服务社会，促进员工发展”的经营宗旨，持续实现国有资产保值增值和企业核心竞争力的增强。具体而言，将以推动全球核能事业高质量发展为己任，“五业并举”赋能美好生活。

一是践行核安全文化，打造金字招牌，持续壮大核电市场规模。公司将始终做到安全第一，建设精品工程，培育一流人才队伍。“十四五”末，年度核能发电量力争达到2000亿千瓦时，70%以上核电机组运行业绩及综合指数继续保持全球领先。

二是创新探索模式，协同满足客户需求，拓展核能多用途利用。积极挖掘传统核电基地商业大堆价值，有序推进“核电+”项目落地，提供核能供热、制氢、供汽、海水淡化、同位素生产及园区综合智慧能源服务等。

三是发挥核电技术服务专长，促进核能事业国际合作步伐加快。将继续以技术服务为纽带，不断拓展国际市场，促进国家间的“百年联姻”，加快构建新发展格局。

四是坚持融合发展，结合地方需求，发挥核电基荷电源属性和核电厂址地理优势，壮大非核清洁能源产业，更好地服务共同富裕的社会发展目标。以秦山核电为例，充分发挥核电产业示范带动作用，大力扶持海盐发展核电关联产业。

五是坚持创新发展，积极突破敏捷清洁技术产业。公司将密切关注能源电力新技术、多种能源耦合技术等前沿技术发展趋势，重点围绕机组安全性能提升、“华龙一号”运维等项目开展技术创新。适时开展低碳、零碳、负碳技术研发和产业推广。

奋进新征程，建功新时代。未来，我们将牢牢把握新机遇，携手合作伙伴和利益相关方，赓续“国之光荣”的优良传统，传承发扬“两弹一星”精神和“四个一切”核工业精神，积极践行“强核报国 创新奉献”的新时代核工业精神，开启“核能助力‘双碳’目标，清洁赋能美好生活”的新征程，为世界核电发展贡献中国智慧和中国方案，为建设美丽中国和生态文明贡献更多力量！

附录三　追求卓越 超越自我 铸就核电光明未来

——2022 年 10 月 10 日，中国核电总经理、党委副书记马明泽在世界核电运营者协会 (WANO) 双年度大会上的视频演讲

女士们、先生们：

大家好！非常高兴有机会能与大家一起分享中国核电追求卓越的探索故事，探讨核电行业的未来。我演讲的主题是“追求卓越 超越自我 铸就核电光明未来”。

中核集团（CNNC）成立于 1999 年，下辖 1300 多家企业，现有员工 18 万人。CNNC 建立了完整的核工业产业链，其中核电公司 CNNP 在产业链中肩负着核电、核能多用途、风光发电等清洁能源项目开发、投资、建设与运营的责任。公司控股在运核电机组 25 台，在建机组 8 台，承建机组 4 台，核电控股装机容量 32588MW，至今已安全运行 235 堆年，创造了良好的运营业绩。

中国是目前核电发展最快的国家并且保持着良好的核安全业绩，这与 WANO 的支持密不可分，同时也得益于中国自上而下共同坚持践行卓越导向的核安全文化。中国领导人提出了“坚持理性、协调、并进的核安全观”以及“要坚持安全发展、创新发展”的要求。由于核技术的特殊性，中国核电项目实施国家核准制，需要核电投资企业与地方省级政府共同向国家提交核电项目核准申请，核电企业的可持续发展与地方公众和政府的支持紧密相关。

核电企业良好的建设、运营业绩是赢得公众与政府信任的关键。因此，从企业自身可持续发展出发，中国核电行业不断强化法治意识、忧患意识、自律意识和协作意识，将对安全业绩的追求内化为行业发展的核心管理要素。我们始终铭记“安全是核工业的生命线”，将确保安全作为各项工作的首要目标，同时以“追求卓越，超越自我”为价值导向，在工作中倡导永不自满、居安思危，精益求精、持续创新，形成了具有中国特色的卓越核安全文化，并将核安全文化核心理念贯穿于公司管理制度的建设，通过制度流程化的信息化手段加以具体落实，系统性推进设备可靠性管理和人员安全行为塑造，取得了良好的效果。

追求卓越是我们的奋斗目标，同时也是 WANO 的信条。AfE 倡议与 CNNP 的企业文化和发展规划高度一致。我们非常乐于看到核电行业安全运行业绩的整体提升，并且愿意为此做出努力并提供大力支持。

为了实现行业 2030 年远景规划目标，CNNP 制定、实施了一系列领域提升工作计划作为实现路径和手段，包括完善经验反馈机制、优化设备可靠性管理、拓展人因管理实践、提升大修绩效、建立动态的安全生产指标体系与配套的奖惩机制等。此外，我们深刻认识到，良好的公信力是核行业发展的基础，政府、市场和公众对核电企业的信任是基于其良好的安全生产业绩和环境友好的状态。因此我们将核电厂工业安全和环境安全放在了与核安全同等重要的地位，不断改进和提升，对自身安全生产业务流程进行了全面梳理，创造性地构建了 CNNP 核电厂安全生产业务模型。

该模型对核电厂各项业务流程进行了全面梳理与总结，通过对电厂构筑物、系统、设备（SSCs）和构筑物外区域的分级管理，落实部门和领导的管理责任。明确了核电厂安全、质量、环保的相关重要设备与机组可靠运行的相关重要设备，同步推进预防性维修管理体系建设，并以生产计划为核心，推动预防性工单的标准化管理并持续优化体系建设。形成以电厂的紧急抢修、生产计划和状态报告管理为核心流程，以工单为核心驱动要素的精细管理体系。推动工单相关的安全、质量、环保、进度、成本各项工作从准备到实施各阶段的标准化，确保现场各项活动以持续追求更加卓越业绩为管理目标。同时，CNNP 下大力气推动信息化、数字化技术在管理中的应用，开发建设了核电安全生产管理 ASP 系列化计算机管理平台，支撑众多工单活动不断创造出更好业绩。

中国核电今日的成绩得益于规范治理和改革创新，因此我们非常理解 WANO 面对核电行业新形势、新挑战开启的自我变革，并主动担当，承担了 AfE 项目中的 ePM 试点工作。2020 年 12 月至 2022 年 4 月，秦山二厂 1、2 号机组积极参与了 WANO 的全球首批 ePM 试点工作，随后 ePM 试点被推广到了拥有 9 台不同功率、不同堆型机组的秦山核电基地。试点中我们克服了一些挑战：为了确保对指标理解和执行的一致性，我们编制了中文版 ePM 指标手册，明确了指标定义、数据来源、计算方法、注意事项、具体示例等，并根据经验反馈进行了多次修订升版；在指标基础数据收集中，为了更好地与电厂自身的指标管理体系衔接，我们将 ePM 指标纳入了电厂已有的业绩指标系统，明确责任分工，按照月度和季度进行数据统计，生成各类报表及状态灯，为电厂管理提供参考。

本次试点促使秦山核电关注到了此前忽略的一些弱项，并促进了秦山在设备可靠性、纠正行动及时性、模拟机维护及时性等方面的管理改进和绩效提升。我们也识别出了一些 ePM 存在的问题并反馈给了 WANO。试点使我们更加清晰地看到了电厂高层领导的重视和主动参与对绩效改进的重要作用，这是决定 AfE 成功实施的关键。下一步我们将在如何更好地应用 ePM、如何改进长期红灯领域等方面进一步探索。

中国有句话叫“不忘初心，方得始终”。回想 1989 年 WANO 成立时的初衷，所有的核工业从业者都应该牢记，我们是核安全命运共同体，我们有共同的责任为核电站安全和卓越的运行业绩而奋斗。

一直以来，中国核电都心怀理想，在业绩暂时落后时，我们对标先进，寻找差距，持续改进；在业绩不断提升中，我们从不自满，勇于创新，敢于挑战更高目标。我们相信“实干成就佳绩”，面对未来的发展和挑战，希望所有核电运营者都能够以时不我待的紧迫感、干事创业的责任感和不进则退的危机感，攻坚克难，奋勇向前，不断追求卓越、超越自我，携手合作，共同推动核能事业朝着更加先进、更加可靠、更加放心的美好前景前行。

谢谢大家！

附录四　本书参考文献

本书参考文献

序号	文献名称	发布者	发布时间	文献类型
1	《核电厂基本安全原则》（INSAG-3）	IAEA	1988 年	外部报告
2	*Safety Culture* (INSAG-4)	IAEA	1991 年	外部报告
3	*IAEA Safety Reports Series No.11*	IAEA	1998 年	外部报告
4	*Management of Operational Safety in Nuclear Power Plants*	IAEA	1999 年	外部报告
5	*Key Practical Issues in Strengthening Safety Culture* (INSAG-15)	IAEA	2001 年	外部报告
6	*A Harmonized Safety Culture Model*	IAEA	2020 年	外部报告
7	《强有力的核安全文化原则》	INPO	2004 年	外部报告
8	《强有力的核安全文化原则》	WANO	2006 年	外部报告
9	《健康的核安全文化特征》	INPO	2012 年	外部报告
10	《健康的核安全文化特征》	WANO	2013 年	外部报告
11	《中华人民共和国核安全法》	中华人民共和国	2018 年	法律法规
12	《核安全文化政策声明》	国家核安全局、国家能源局、国家国防科工局	2015 年	政策文件
13	《中国的核安全》（中国第一部核安全白皮书）	中华人民共和国	2019 年	政策文件

续表

序号	文献名称	发布者	发布时间	文献类型
14	《电力安全文化建设指导意见》	国家能源局	2020 年	政策文件
15	《中国核电卓越核安全文化的八大原则》	中国核能电力股份有限公司	2010 年	内部报告
16	《中国核电卓越核安全文化的十大原则》	中国核能电力股份有限公司	2015 年	内部报告
17	《中国核电卓越核安全文化十大原则》	中国核能电力股份有限公司	2022 年	内部报告
18	《防人因失误工具》	中国核能电力股份有限公司	2009 年	内部报告
19	《中国核电核安全文化评估体系》	中国核能电力股份有限公司	2010 年	内部报告
20	《核电厂人因管理基础》	中国核能电力股份有限公司	2010 年	内部报告
21	《核电厂人因管理指南》	中国核能电力股份有限公司	2010 年	内部报告
22	《核安全文化评估体系》	中国核能电力股份有限公司	2010 年	内部报告
23	《核电厂安全文化》	中国核能电力股份有限公司	2012 年	内部报告
24	《核电厂观察指导手册》	中国核能电力股份有限公司	2015 年	内部报告
25	《经验反馈管理办法》	中国核能电力股份有限公司	2017 年	内部报告

续表

序号	文献名称	发布者	发布时间	文献类型
26	《干部交流管理制度》	中国核能电力股份有限公司	2017 年	内部报告
27	《观察指导管理导则》	中国核能电力股份有限公司	2018 年	内部报告
28	《基本安全培训实施管理导则》	中国核能电力股份有限公司	2018 年	内部报告
29	《核电厂五大生产岗位组织职责管理要求》	中国核能电力股份有限公司	2018 年	内部报告
30	《人员行为规范管理导则》	中国核能电力股份有限公司	2018 年	内部报告
31	《同行评估管理导则》	中国核能电力股份有限公司	2018 年	内部报告
32	《核电厂安全生产责任一岗一清单规范》	中国核能电力股份有限公司	2019 年	内部报告
33	《工业安全高风险作业主要岗位安全风险管控职责》	中国核能电力股份有限公司	—	内部报告
34	《福岛核事故后核电厂安全改进行动专项工作计划》	中国核能电力股份有限公司	—	内部报告
35	《运行决策与十大缺陷管理导则》	中国核能电力股份有限公司	—	内部报告
36	《中国核电公众沟通白皮书》	中国核能电力股份有限公司	—	内部报告
37	《安全总监管理办法》	中国核能电力股份有限公司	—	内部报告
38	《运行阶段双机组关键岗位清单》	中国核能电力股份有限公司	—	内部报告

后 记

《中国核电核安全文化建设历程》旨在为中国核电及各成员单位提供核安全文化建设知识交流、传播和推广的载体，希望通过对本书的学习、领会和应用，不断提升中国核电的核安全文化水平，以实现持续提高核电厂安全稳定运行业绩的目标。

在编制过程中得到了中国核电及各成员公司领导的大力支持，在此一并表示感谢！

此版是对 2019 年内部版本的更新和充实。鉴于编制人员对核安全文化的认识和理解的局限，不当之处在所难免，敬请领导、专家、读者批评指正。

对《中国核电核安全文化建设历程》的意见和建议，请反馈至工作组，以便进行后续修订。